阿部巨人は本当に強いのか

日本球界への遺言

広岡達朗

朝日新聞出版

ブックデザイン　萩原弦一郎（256）
帯写真　朝日新聞社

はじめに　結果にはすべて理由がある

２０２４年のプロ野球は、阿部慎之助新監督の巨人が４年ぶりにセ・リーグ優勝を果たした。前年、38年ぶりに日本一になった阪神は最後まで食い下がったが３・５ゲーム差で２位、終盤の９月に強打で広島を追い抜いたＤｅＮＡが３位に浮上してクライマックスシリーズ（ＣＳ）に進出。阪神と巨人を連破して日本シリーズに出場した。

一方のパ・リーグは、終始独走を続けたソフトバンクが終盤戦で急浮上した日本ハムに13・５ゲーム差をつけて圧勝した。

「守りから入る。守り勝つ。最初から目指してきた野球ができてよかったです」

１年前、ＣＳで広島に３連勝して阪神が９年ぶりの日本シリーズ進出を決めたとき、岡田彰布《あきのぶ》監督の第一声がこの言葉だった。

セ・リーグの代表を決めたこの日の試合が岡田野球の典型だった。4－2で迎えた8回表、1死一塁で広島の代打・末包《すえかね》昇大の二塁ライナーを中野拓夢がダイビングキャッチ。その後、ピンチが広がった2死一・二塁では代打・松山竜平の浅いライトフライを森下翔太のスライディングキャッチで広島反撃の火を消した。

毎年のことながら、プロ野球のリーグ優勝が決まると、毎日のようにマスコミから取材の電話がかかってくる。近年は新聞、雑誌に加えて動画の出演依頼も多くなったので、92歳になった私もこれでけっこう忙しい。

2023年の秋、どこからもまず聞かれたのは「岡田阪神の勝因」だ。そして私は「よそのチームがだらしないからよ。それに尽きる」と断言した。だから当然のことながら、雑誌やインターネットの野球記事には同じコメントが載っている。

私がいつも言うように、なにごとも原因があって結果がある。言い換えると、

「結果にはすべて原因がある」ということだ。
つまり、阪神が65歳で15年ぶりに指揮を執った岡田監督のもとで18年ぶりにリーグ優勝を成し遂げたのも、それなりに勝因がある。それはほかのチームができなかった、「やるべきことをやった」からだ。

その1年後、阪神の救世主といっていい岡田監督は2年契約が切れたことを理由に退任した。スポーツ新聞でよく見るように、プロ野球では契約任期が切れても監督が続投することはよくある。阪神の場合、複雑な球団事情でそれがかなわなかったのだろう。

そんなことより、「やるべきことをやれ。結果にはすべて理由がある。原因を見つけて取り除けば結果はよくなる」という私の信念は変わらない。寄る年波と戦いながら、今年も野球のあるべき姿を書き残す。

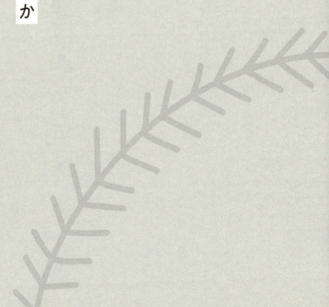

阿部巨人は本当に強いのか
日本球界への遺言

目次

第1章 検証・阿部巨人の1年目

第2章 原巨人はどこで間違ったのか

第3章 大谷翔平は外野手で三冠王を目指せ

第4章 マイナーリーグに成り下がった日本野球

第1章
検証・阿部巨人の1年目

大混戦の2024年シーズン

私は毎年、プロ野球が開幕すると、マスコミからシーズンの順位予想を聞かれる。そんなときは、各チームのキャンプ内容を見て展望を語ることにしている。そして2024年のセ・リーグは「連覇を目指す岡田阪神と、阿部慎之助を新監督に迎えた巨人が先頭を走り、2年目を迎える新井貴浩監督の広島がそこに絡む展開になるだろう」と見ていた。

ところが阪神、巨人が序盤からもたついて、交流戦が始まるまでは首位・阪神から2位・広島、3位・巨人まで2ゲーム差。4位・中日、5位・DeNAも阪神から4・5ゲーム差にぶら下がって大混戦になった。

順位だけを見ると私の見立て通りだったが、楽天が20年目にして初優勝を飾った交流戦の終了時点では、首位・広島を阪神と巨人が3ゲーム差で追っていたものの、前半戦を終えると首位・巨人、2位・広島、3位・DeNAのゲーム差が最大2・5。4位・阪神は今季ワーストの26イニング無得点がたたって直前1週間を2勝4敗で折り返し、首位との差が3・5ゲームに開いて失速した。

しかもこの間、日替わりで首位が交代する接戦だった。といえば聞こえはいいが、実態はどのチームも拙攻拙守が多く、プロ野球とは思えないお粗末な試合ばかりだった。

ちなみに前半戦のパ・リーグは、ソフトバンクが2位のロッテに10ゲーム差をつけて独走。3位・日本ハムが追い、前年までリーグを3連覇していたオリックスは5位に転落した。

敗因は、絶対的エースだった山本由伸が大谷翔平を追ってドジャースに移籍したからだ。2023年にレッドソックスに移籍した主砲・吉田正尚に続いて、投打の大黒柱が抜けるとこうなる。

成功した大城・岸田・小林の正捕手争い

では、私が注目していた新生・阿部巨人はどうだったか。日替わりでなんとか前半戦をトップで折り返したが、先述のように4位・阪神までのゲーム差は3・5。首位争いに残っていたのは、巨人が強くなったというより、これまでが弱すぎたのだ。新監督の阿部は目先の白星を追って苦労したようだが、私に言わせれば、巨人はこれまでに蓄積された戦力があれば今年もダントツの独走でなければおかしい。

それでも、新監督になって変わったことがないわけではない。前年までの原辰徳監督は「打てる捕手」を求めて大城卓三ばかり使っていたが、今年は序盤からバッティングのいい岸田行倫と、インサイドワークと強肩のある小林誠司にもチャンスを与えて正捕手の座を競わせた。

私は原監督の時代から、「キャッチャーの役割は打つだけではない。一番大事なのは投手を育てる能力だ」と主張してきた。たしかに小林はもう11年目のベテランで、打率が2割に届いたのは2019年が最後。原時代最後の2023年は21試合出場で打率・125だった。

「これでは使えない」という声は多いだろうが、守りの能力が高い小林が打てないのなら、打撃コーチが打てるように教えたらいいではないか。小林だって、2019年シーズンは92試合に出場し、打率・244の成績を残している。

岸田も社会人野球の大阪ガスから入団して6年目の28歳で、打力は一定の評価があったが、これまでの最多出場は2023年の46試合だった。

捕手出身の新監督にチャンスをもらった2人のうち、新たに頭角を現したのは岸田だった。88試合に出場し、打率・242、本塁打4、二塁打10、得点圏打率・203。

小林も打率は・152ながら42試合に出場し、前季の21試合から倍増している。6月以降は出場機会が減少し、おもに相性のいい菅野とバッテリーを組んだ。

この阿部のライバル作戦は、前年まで正捕手だった大城にも刺激を与えた。今季は開幕から調子が上がらず、5月は3試合出場でノーヒットだったが、6月に一塁に入ってから目が覚めたように復調した。とくに6月23日以降、3番・ヘルナンデス、4番・岡本、5番・大城のクリーンナップが定着してからは巨人の白星も多くなった。

正捕手争いの焦りとストレスから解放されて、バッティングに集中できたのかもしれない。

野球は投手が7割

捕手の役割は大きいが、やはり野球の本質はピッチャーの整備である。ホームランバッターを並べても、相手投手がいいピッチングをすれば簡単に抑えられてしまう。点を取ることも大事だが、点を与えないことはもっと大事だ。さらに言うと、そうした投手陣を作り上げ、戦力を保つことが何より大切になる。

私がこの野球の真理を実感したのは、1976（昭和51）年にヤクルトの監督になったときだった。当時44歳の私は、1950（昭和25）年に「国鉄スワローズ」として誕生したこのチームが、万年Bクラスの負け癖で、すっかりぬるま湯ムードにつかり切っていたことに愕然とした。

では、この負け犬根性のチームを再建し、私が目指す日本一のために叩き直すにはどうするか。考えれば考えるほど課題が多く、その壁は高かった。

私は「野球は投手が7割、打撃が3割」と考えている。バッティングは選手もチームも、好不調に波があるのであてにならない。長いペナントレースを勝ち抜いて、てっぺんを目指すための計算できる投手陣の強化、整備が先決だ。そこでまずキャンプで取り組んだのが、守備・走塁と同時に「先発ローテーションの確立」だった。

私が現役選手のころは、日本に「ローテーション」という概念はなかった。それが頭に浮かんだのは、巨人を引退し、貯金をはたいて自費で大リーグ視察に行った経験による。

「先発投手が5人いたら中4日で回せるな」と考えた私は、本格派エースの松岡弘、安田猛の両輪に球の速い鈴木康二朗、会田照夫を核にした5人の先発ローテーションを組み、4人の先発組には「先発したら、5回まではどんなに打たれても、フォアボールが出ても絶対替えないぞ！」と宣告した。

このローテーションシステムは以前の著書にも詳しく書いたので省略するが、「5回まではリリーフは出さない宣告」が、投手たちに「監督は俺を信頼してくれている」という自信と責任感を植えつけたことは確かである。

そして2年目からは第2、第3の課題に取り組み、それまで3位が2回だけの万年Bクラスチームを2年目にリーグ2位、3年目には球団初のリーグ優勝と日本一に導くことができた。

なぜ菅野を開幕投手にしなかったのか

話が遠回りした。今季の巨人に話を戻すと、私が腑に落ちなかったのは、なぜ開幕投手を菅野智之にしなかったのか、ということだ。

私だったら開幕投手は戸郷翔征ではなく菅野にしていた。いや、巨人の開幕戦にはエースの菅野を使うべきだった。

たしかに最近の戸郷は成長している。2022年からは3年連続で12勝を挙げた。2023年は24試合に登板し、防御率2・38で登板数、投球回、防御率とも菅野を大きく上回ってエースの座を奪い取った。

数字、実績とも菅野より戸郷のほうがベンチの信頼が大きかったのはわかるが、「コイツが行けばみんなは黙って従う」というような、チームの士気を高めるピッチャーでないと開幕投手には値しない。

早い段階で菅野に「開幕はお前で行く」と言って調整させるべきだった。それでいいピッチングをしてくれれば御の字だし、もしKOされたら「リリーフに回ってくれないか」と言うこともできる。それなら菅野も納得するはずだ。求心力のある投手には、そうやって配慮する。これがチームを改革する手順なのだ。

34歳の菅野はプロ12年目を迎えて、さすがに故障や欠場が多くなった。前年は自己ワーストの4勝に終わり、「エースの証明」である2024年の開幕投手を24歳の戸郷に奪われてしまった。

それでも試合を作る円熟した投球術で前半戦を8勝2敗で折り返し、8月4日のヤクルト戦では10勝目（2敗）をマークした。しかし能天気なスポーツマスコミのように喜んではいられない。相手の先発投手を見ると、主力投手といえるのはヤクルトの高橋奎二（8勝9敗、4月11日）、広島の森下暢仁（10勝10敗、9月10日・28日）、阪神の才木浩人（13勝3敗、9月22日）くらいで、ほとんどが格下。開幕から8月までは、ほとんど同一カードの最終戦に投げていたから、格下投手を相手に勝ってきたといっていい。

カード初戦は必ず戸郷・菅野に先発させろ

報道によると阿部監督は開幕前、「菅野は中7日以上空けてもいい」と語っていた。その方針通り、前半戦は原則中6日で登板していたのは、菅野の年齢とコンディションに配慮したのだろう。たっぷりと登板間隔をもらい、エース級との投げ合いがないなかで勝ち星を重ねてきたわけだ。

勝率と防御率のいい菅野は7月28日のDeNA戦で3年ぶりに完封勝利を収めて規定投球回（＝チーム試合数）に達したが、この勝率も相手投手の顔ぶれとの関係を吟味しなければいけない。この因果関係と勝敗の本質を、なぜ野球評論家は指摘しないのか。ファンやマスコミと一緒に「勝った勝った！」と評価するだけでは専門家とはいえないだろう。

菅野はその後、8月25日の中日戦に先発し、7回1／3を被安打5で12勝（2

敗）まで勝ち星を伸ばした。だが、7月からこの日までの先発時の相手チームはヤクルト、DeNA、中日、DeNA、ヤクルト、中日、DeNAと下位チームばかり。しかも登板間隔はいずれも中6日で、ローテーションの順番は山﨑伊織、グリフィン、戸郷、西舘勇陽、井上温大だった。

つまり中日戦前の首位・広島との直接対決には菅野の出番がなかった。山﨑・井上の成長と頑張りがあったとはいえ、カード変わりの3連戦には必ず戸郷と菅野の新旧エースが交代で先発登板してほしかった。そうすれば、どのカードも二枚看板が先頭に立ってチームを牽引することになる。

そして9月10日、広島との首位攻防戦でカード頭の第1戦に菅野が先発し、巨人のVダッシュが始まった。

この試合、菅野は5回を1安打5奪三振無失点で14勝目（2敗）を挙げた。巨人は同月5日のヤクルト戦に勝って広島から首位を奪回していたが、菅野はその後もカード頭の先発を続けた。28日の広島戦では8回無四球1失点で15勝目を挙げ、巨人4年ぶりのリーグ優勝を決めた。

15勝3敗、防御率1・67で勝率と最多勝のタイトルを手に35歳のレギュラーシーズンを終えた菅野について、最後まで巨人に食い下がった阪神の岡田彰布監督は「(巨人の優勝は)菅野やろ、菅野の貯金が大きいよ。去年との一番の違い」と言ったそうだが、そんな菅野を阿部はなぜ、8月まで先発ローテーションの6番目に使ったのか。

先述のように菅野を開幕投手にしていたら、巨人はもっと楽にリーグ優勝ができたはずだ。

大リーグ挑戦の菅野は自然の原理を忘れるな

その菅野が10月5日、突然「大リーグ挑戦」を表明した。シーズンオフに海外フリーエージェント(FA)を行使して大リーグ移籍を目指すという。

以前から大リーグ移籍を希望していた菅野は2020年オフ、球団を通じてポスティングシステム（入札制度）の申請を行ったことがある。2021年元日に渡米して、代理人を通じて複数の球団と交渉を進めたが、1月8日の交渉期限切れを前に交渉を打ち切り、メジャー移籍を断念したのだ。

私は以前から、日本球界の「財産」が高額の契約金や日本の球団に入る譲渡金でアメリカに流出するポスティング制度に反対してきたので、当時も「菅野は日本野球のために巨人に残るべきだ」と著書に書いた。

当時の報道によると複数の球団が交渉に乗り出していたが、菅野の希望条件に合わず、交渉から撤退したという。当時31歳で、投手としてはすでに下り坂だったので、「巨人に残留したのはよかった。このままアメリカに行ったら大失敗していただろう」と思っていた。

その3年後の2024年、たしかに菅野は阿部巨人優勝の原動力になった。巨人投手の通算勝利数136は江川卓を抜いて歴代10位である。投球技術は円熟味を増したかもしれないが、体力は確実に減退している。若さと将来性を投資の条件とするメジャーの査定は前回より厳しくなるはずだ。私の意見は前回と同じだから繰り返さないが、菅野には「人間は歳とともに衰える」という自然の不変の原理を忘れないでほしい。

エース戸郷のセンスと限界

阪神の岡田監督は巨人の勝因を「菅野やろ」と言うが、横浜OBの評論家・佐々木主浩のように、優勝の原動力に菅野と戸郷を挙げる意見も多い。

「これだけ貯金を作れるピッチャーが2人いるのは大きいですよね。(中略)長い回を投げて貯金を作ってくれるピッチャーですからね。リリーフ陣もこの2人が投げてくれると休めますよね」

「佐々木主浩氏『これだけ貯金を作れるピッチャーが2人いるのは大きい』巨人、菅野と戸郷の2人で貯金16」BASEBALL KING、２０２４年9月30日
https://baseballking.jp/ns/452405

24歳の戸郷は3年連続となる12勝（8敗）を挙げ、防御率1・95はリーグ5位。完投4、完封3は阪神の才木と並んでトップで、最多奪三振のタイトルも手にした。

先発ローテーションを外れた菅野が格下投手を相手に勝ち星を稼いでいた前半戦から安定していた戸郷の投球は、エースにふさわしいものだった。

身長187センチ・体重84キロの華奢《きゃしゃ》な体からスピンの利いたキレのいい速球と、フォークボールやスライダーなどの変化球をコーナーに決める制球力も磨きがかかっているが、私は重心が高く、手だけで投げたあと体が突っ立っている投球フォームは感心しない。

あの投げ方であれだけ精度の高い投球ができるのは、よほど投手としてのセンスがいいのだろう。しかしこのままではいつか肩かヒジを痛め、いまのような投手生命のピークはあと3~4年しか続かないだろう。できることならへその下に重心を置いて、下半身の力を正しく使う投げ方に改善したほうがいいが、戸郷はこの投げ方しかできないのだろう。

そして少年野球や中高生は、戸郷の投げ方を真似てはいけない。

若手の成長は内海投手コーチの指導の成果?

巨人は戸郷と菅野だけで勝ったわけではもちろんない。

セ・リーグのチーム別投手成績を見ると、巨人は防御率2・49でトップ。2位は阪神の2・50、3位が広島の2・62だった。

このうち巨人で目立ったのは、若手投手の成長だ。たとえば山﨑伊織は24試合に登板・先発して10勝6敗で防御率2・81、井上温大は25試合登板で8勝5敗、防御率2・76だった。

　また、クローザーの大勢までをつなぐセットアッパーでは、2年目の船迫《ふなばさま》大雅が51試合に登板して防御率2・37の安定した投球を見せた。

　巨人OBの内海哲也・投手コーチは堀田賢慎と井上の成長を評価しているというが、私も5年目の左腕・井上がよかったと思う。重心の低い柔らかいフォームでリリース後、左肩がよく入っていて球威もある。将来伸びるのではないか。

　巨人の勝因に投手陣の活躍が際立っているが、実績のない若手投手が成長しているのはなぜか。旧知の担当記者によると、内海コーチの存在が大きいという。技術的なことより、気の持ちようについてのアドバイスが効果を発揮しているというのだ。

　内海は2018年末、巨人が国内FAで西武の炭谷銀仁朗捕手を獲得した人的補償として西武に移籍。2024年から古巣・巨人の一軍投手コーチを務めている。また、若手投手たちの二軍時代に久保康生・巡回投手コーチから受けた技術的な指導がいま生きているという声もある。

4番・岡本は得点圏での打撃を磨け

阿部巨人が勝つことを義務づけられている重圧は十分わかる。しかし、いまの巨人は確実に過渡期を迎えている。私は開幕直後、インターネットの取材に応えて言った。

「チームを変えたい気持ちがあるなら、まずベテラン連中のプライドを傷つけずに処遇を考えろ。決して、ベテランを切り捨てろと言っているんじゃない。夏場からシーズン終盤にかけて、ベテランの力が必要になる時期が必ずある。腐らずに、彼らのモチベーションを保たせつつ、若手を適材適所で起用して抜擢していけ」

「目先の勝利にこだわるな。勝つよりも大事なことは、負けゲームをいかにつくれるかだ。初めての監督としては荷が重いかもしれないが、阿部よ、これが常勝・巨人の監督ということだ」

（松永多佳倫「巨人改革へ、広岡達朗が阿部慎之助監督に伝えたいこと『ベテラン連中のプライドを傷つけずに処遇を考えるべき』」web Sportiva、２０２４年４月10日 https://sportiva.shueisha.co.jp/clm/baseball/npb/2024/04/10/post_112/）

巨人はなんとか首位で前半戦を終えたが、オールスター戦直前まで苦戦が続いたのは４番・岡本和真の得点圏打率が低かったからだ。

たしかに前半戦のセ・リーグ打撃全成績を見ると、本塁打は16本とリーグトップの村上宗隆（ヤクルト）を１本差で追い上げ、打点の54はトップだったが、打率・２６７は低すぎる。

また近代野球で最も評価される得点圏打率（シーズン終了時）は・286で、DeNAのオースティン（・388）、阪神の大山悠輔（・354）、広島の小園海斗（・341）ら他球団の4番打者に大きく差をつけられている。

ファンやマスコミは岡本のホームランだけで大喜びしているが、前半戦の主砲・岡本が巨人の足を引っ張ったのは確かである。4番はホームランを打てばいいというものではない。私がいつも言うように、チームの勝利に貢献しないホームランは意味がない。いい例がヤクルトの村上だ。

村上は2021年に打率・278、39本塁打を放ち、2022年には打率・318、56本塁打で三冠王になってヤクルトに2年連続リーグ優勝を呼び込んだ。だが、2023年は打率・256、31本塁打と急降下してチームも5位に転落。2024年も33本塁打、86打点の二冠を手にしたが、打率は・244でチームも2年連続の5位に沈んだ。

ベテラン坂本の誤算

岡本は打率・280というリーグ打撃成績10位でレギュラーシーズンの幕を閉じた。27本塁打・83打点ともに二冠の村上（ヤクルト）に及ばなかった。

たしかに決勝打21、殊勲打（先制・同点・逆転など勝利に貢献したヒット）32、殊勲本塁打（同本塁打）17の「殊勲三冠」はリーグトップで勝負強さを見せつけたが、打率・打点・本塁打のタイトルはなかった。

巨人の主砲としてノータイトルは寂しかったが、阿部新監督の一番の誤算は坂本勇人だろう。

坂本は原監督最後の2023年は116試合に出場し、リーグ7位の打率・288、22本塁打でクリーンナップの一角を守ったが、ケガや体調不良で欠場が多く、打席数455は規定打席スレスレ。不動だったショートのポジションも、リーグ終盤に天才的な守備で頭角を現した新人の門脇誠に奪われ、プロ17年目で初めてとなる三塁でシーズンを終えた。

この年の坂本は、6月の試合で右足の肉離れのために戦列を離れ、1か月後には一軍に復帰したものの、9月には体調不良のため一軍の登録を抹消された。このときは3試合休んだだけで復帰したが、14年ぶりに打順7番を経験した。

2024年は開幕戦を5番・サードで迎えたが、36歳になるプロ18年目は攻守に精彩を欠いた。私は巨人でショートを守っていたからわかるが、内野で一番難しいのは一塁手だ。みんな一塁は誰でもできると思って、捕手や外野手など、打力のある選手を一時的に一塁で使っているが、試合で打球や送球をたくさん処理するのは一塁だ。

それだけではない。一塁はバントの処理やサインプレーを熟知してフォーメーションの要になる司令塔であり、私の知る限り、プロ野球で一番うまい一塁手は巨人の王貞治だった。

ついでにいえば、内野で一塁の次に難しいのは、併殺などで逆方向の捕球や送球の多いセカンドで、次がショート。来た球をさばくだけでいいサードが一番やさしいポジションだから、坂本にとっては最も楽な場所だろう。

それでも開幕から5番を任されていた坂本はバッティングの調子が上がらず、阿部新監督は「リフレッシュして、体と心と技術を見直してほしい」と6月26日、坂本の一軍の選手登録を抹消した。坂本は二軍でランニングに汗をかき、バットを振り込み、試合前の練習でもサードでノックを受け、打撃練習に励んだという。

二軍戦にも3試合に出場して、7月12日、およそ2週間ぶりに一軍の出場選手に登録された。しかし一軍は、3番が新外国人のヘルナンデス、4番は岡本、5番にはバッティングの調子を取り戻した大城が定着し、クリーンナップに坂本の戻るイスはなかった。

2年前から繰り返された戦線離脱

先述のように、前年は116試合に出場し、打率・288で4年ぶりに2ケタ本塁打を放ったのに、2024年は打率・225、4本塁打で前半戦を終えた。しかも勝負強さと粘り強さを示す得点圏打率は前年・258だったのが、今季はチャンスの凡退も多く、前半戦で・164だった。

なかでも出場数は6月が12試合、7月は9試合と夏場に向かって激減し、打率も5月の・286から6月は・159、7月は・167と急降下した。岡本と並ぶ得点源で、巨人で年俸6億円の坂本がこれでは、阿部が前半戦で「打てない、点が入らない」とぼやいたのも当然だった。

坂本がケガや体調不良以外で登録抹消されて二軍調整したのは、ルーキーイヤーの2007年以来17年ぶりだという。

私も坂本に何度も警告してきた。2022年の著書でも、「坂本勇人の相次ぐ故障は練習不足と体力減退が原因」と書いた。

私の坂本に対する評価が厳しいのは、遊撃手として基本ができていないからだ。

「打球が来る前にしっかり準備ができているかどうか」を見ればわかる。

（中略）

人間は楽をすれば手を抜いて限りなく楽をし、逆に厳しい環境ではそれに対応できる人間になれる。

坂本も捕れる球は一生懸命捕るが、捕れないと思ったら追いかける格好だけでヒットにするから記録上のエラーは少ない。なぜ簡単にあきらめず、球際まで追いかけて正面で捕る努力をしないのか。そうすれば守備範囲はもっと広くなる。逆に手を抜いて三遊間を逆シングルで楽にさばく習慣がつけば、知らない間に守備範囲は狭くなる。

（中略）

私が坂本に厳しいのは、もっとうまくなって球史に残る名ショートになってほしいからだ。彼には、それだけの素質と可能性がある。

（『巨人が勝てない7つの理由』幻冬舎）

ケガによる戦線離脱もいまに始まったことではない。2022年、プロ入り16年目を迎えて34歳になった坂本はケガが相次ぎ、前半戦だけで3度戦列を離脱した。左内腹斜筋損傷で入団1年目以来の開幕二軍スタートとなった坂本は、4月の阪神戦で二遊間のゴロを追って右ひざ内側側副靱帯損傷で40日間離脱。戦列復帰から1か月後の7月には腰痛で戦列を離れ、ファン投票で遊撃手1位だったオールスター戦も仙腸関節炎で辞退した。

結局、巨人が5連敗で5位まで転落した同年7月の坂本は5試合に出場。オールスター戦までの前半戦は全96試合のうち49試合に出場しただけだった。

その前年までほとんど100試合以上に出場していた坂本の出場試合は83試合

に終わり、巨人は2017年以来5年ぶりの4位、Bクラスになって原巨人の沈没が始まった。

そして阿部新監督で4年ぶりのリーグ優勝を勝ち取った2024年も、109試合に出場して打率・238、7本塁打、34打点に終わった。打率は入団以来最低で、打点も一軍の試合に出るようになった2年目以降では2022年の33に次いでワースト2。月別打率は8月・265、9月・250と回復傾向を見せたが、かつてはチャンスに一発で試合を決めた勝負強さは影をひそめ、得点圏打率も・212に終わった。

もちろん巨人の低迷は坂本だけの責任ではない。だが私に言わせれば、坂本の相次ぐ負傷欠場は、キャンプ以来の練習不足と加齢による体力の減退が原因だった。

ファンに惜しまれながらグラウンドを去れ

私は坂本の全盛期から「巨人は坂本のライバルを育てろ！」と著書やコラムで書き続けてきた。そうすれば坂本が危機感を募らせて練習を重ね、結果として彼の選手寿命を延ばすことになるからだ。

しかし原巨人は坂本が倒れるまで後継者の育成を怠り、2年連続Bクラスの苦汁をなめて初めて、坂本を三塁にコンバートした。

私はたびたび坂本の手抜きプレーについて、「このままでは選手寿命を縮めるぞ」と指摘してきた。あれから2年。新監督の阿部は、坂本の登録抹消について「二軍で調整のため」というが、もう遅い。

人間は歳とともに衰えるのが自然の法則である。これまでの坂本の私生活と野球に取り組む姿勢を見ると、34歳になって二軍に行かせても休ませるだけで、巨人最高年俸に見合う復活は無理だ。もう引退したほうがいい。

引退といえば、思い出すのは王貞治の見事な引き際だ。王は早稲田実業から1959年に巨人に入団し、1980年のシーズンを最後に40歳で引退した。引退の理由を「王貞治としてのバッティングができないから」と語った。決断の瞬間について、以前なら打てたはずの中日・戸田善紀の球がものすごく速く見えたから、と語っている。

その年の成績は打率・236、30本塁打。プロ22年間の通算成績は打率・301、868本塁打だった。

のちに担当記者から「まだホームラン20本以上、打率3割は打てたでしょう」と聞かれると、「打てると思う。でも巨人の王がそれではファンが納得しないよ」と語った。

同じような引退の決断は、広島の小早川毅彦からも聞いた。彼は広島とヤクルトで通算16年現役を続け、通算打率・273、171本塁打を放ったが、「これまで打てていた球が打てなくなったので辞める」と言ってバットを置いた。37歳だった。

選手は最後まで現役生活にこだわることなく、誇りを持ってユニフォームを脱ぐものだ。プロ通算18年、巨人のショートを長年守り続けた坂本も、ファンに惜しまれながらグラウンドを去ったほうがいい。

主力のライバルを育てろ

「主力選手のライバルを育てろ」というのは、巨人に限らずチーム強化の鉄則だ。あらためて言うまでもなく、チーム作りの理想は攻守で不動のメンバーを固めることだ。しかし最強のレギュラーも歳とともに体力と技術が衰え、チームは知らぬ間に弱くなる。その崩壊を防ぎ、少しでも黄金時代を維持するには、最強メンバーを脅かす若いライバルを育成することである。そうすれば、危機を感じたレギュラーは自分の城（ポジション）を守るために一生懸命努力するから、結果として自分の選手寿命を長く維持することができるのだ。

私の現役時代は巨人の黄金時代といわれた。4番一塁・川上哲治さんを中心に二塁・千葉茂さん、三塁・宇野光雄さん、遊撃・平井三郎さんが固めた。

やがて戦後の川上世代が引退すると、一塁・王、二塁・土井正三、三塁・長嶋茂雄、遊撃・広岡の時代を迎えたが、私たちは常にレギュラーの座をつかみ、守ることに命がけの努力を続けた。

そして正力松太郎オーナーをトップとするフロントは、常勝軍団を守るためにレギュラーを脅かすライバルの発掘・育成を怠らなかった。

たとえば三塁に東京六大学野球のホームラン王・長嶋を獲得すると、そのライバルとして、同期で「西の長嶋」といわれた関西大学のスラッガー・難波昭二郎に定位置を争わせた。

一方、一塁に早稲田実業で選抜甲子園大会の優勝投手となった王を据えると、早大から東京六大学野球で歴代2位（当時）の7本塁打を放った木次文夫を獲って競わせ、捕手の森昌彦には東京六大学野球の強打者・大橋勲（慶大）と槌田誠（立大）をつけた。

私は当時、正捕手の森が「キャッチャーは俺がいるのに、なんで次から次に六大学のスター選手を獲らないかんのや。大橋がオーナー（正力亨さん）の大学の後輩だからか」とぼやいていたのを思い出す。

しかしこれらのライバル作戦は、すべて挑戦者が敗れて消えていった。それほどレギュラーたちも「負けるもんか。レギュラーのイスは絶対渡さんぞ！」と命がけで自分の城を守ったからだ。

「試合に出ない」川上さんのプライド

主力選手の二軍落ちは巨人の坂本だけではない。

阪神の大山、佐藤輝明、近本光司も２０２４年の前半戦に登録を抹消され、一時戦列を離脱した。いまのプロ野球で、ケガや故障や体調不良以外で主力選手が二軍落ちした例を挙げればきりがない。

私はこのプロ野球の流行現象を見て、「いまの選手にプライドはないのか」と情けなくなる。

私が早稲田大学から巨人に入団した1954（昭和29）年ごろ、戦争帰りの川上さんを筆頭に、古武士のような風格を持つベテラン選手がゴロゴロいた。

お互いに生活をかけた競争意識が強く、「弾丸ライナー」の代名詞を持つ4番・川上さんはライバルの3番・青田昇さんがホームランを打っても喜ばなかった。それどころか「アオが打って勝ってもうれしくなんかあるかい。うれしいのは、俺が打って勝ったときじゃ」と言ってはばからなかった。

その赤バットの川上さんが突然、「俺はもう試合に出ない」と出場拒否をしたことがあった。職場放棄である。

私たちは1956（昭和31）年から3年間、日本シリーズで西鉄に3連敗した。

無名だった新人投手・稲尾和久に完膚なきまでに抑え込まれたのだ。

その3年目だったと思う。主砲の川上さんが「俺が打てないために巨人が負けるのだったら、俺は試合に出ない」と言い出したのだ。

川上さんは、不動の4番打者としての誇りと責任感が強かった。

西鉄との日本シリーズでは、1年目こそ4番として打率・391を残したが、2年目は・278、3年目の1958年は初めて打順が6番に下がった。

川上さんは、4番としてチームを率いることができない責任を痛感したのだろう。驚いた私たち巨人ナインは「川上さんがいなかったら示しがつかない。そんなこと言わないでくれ」と説得し、川上さんは最後まで一塁を守ったが、打率・292を残して日本シリーズ終了後に引退した。38歳だった。

いまのプロ野球はクリーンナップを打つ主力選手も、病気やケガでなくても調子が落ちると簡単に戦列を離れて二軍落ちする。調整という便利な言葉があるが、私に言わせれば「体調不良」という名のサボり病だ。仮に本人が希望しなくても、優しい監督が「彼は疲れているから下（二軍）で調整させる」といえば、喜んでベンチを出ていく。

こんなとき、先述の川上さんなら間違いなくユニフォームを脱いで引退するだろう。

そして昔の選手は、相手のエースや苦手な投手を打ち崩すため、血がにじむような努力をした。川上さんは中日のエース・杉下茂さんのフォークボールを打つために、若い投手を何人も連れて練習場の多摩川グラウンドに通い、球が止まって見えるまでカーブを打ち続けた。

時代がくだってＯＮ（王・長嶋）が全盛のときも、２人は調子が落ちると真夏でもビニール製のグラウンドコートを着て、試合前の外野フェンス沿いをランニングコーチと一緒に走っていた。いまのように、冷房の利いたドーム球場などない時代である。

そんなある日、担当記者が王に「真夏の連戦で疲れているのだったら、試合前は少し休養して体力を回復したほうがいいんじゃないの?」と聞くと、王は答えたという。

「いやいや、それは逆だよ。休養していても調子は上がらない。こんなときは体をいじめ抜いて、『俺はこれだけ練習したのだから打てないはずはない』と思って打席に入ったほうが、自信と余裕を持って打つことができるんだよ」と。

第2章

原巨人はどこで間違ったのか

岡田は弱いチームを再建して名監督になれ

前季優勝の阪神は2024年、首位・巨人に3・5ゲーム差の2位に終わった。チーム打率・242はリーグ5位と振るわなかったが、防御率2・50は巨人の2・49に次ぐリーグ2位だった。

阪神は5月末まで首位を守ることが多かったが、その後は一進一退で、広島と巨人の首位攻防を追いかける展開になった。

9月に入ってからは猛追を続け、12日に急降下の広島に代わって2位になったが、この日広島に3連勝して首位固めに成功した巨人に追いつくことはできなかった。

では、昨季に続き健闘した岡田監督がなぜ退任したのか。スポーツマスコミは意外なニュースとして大騒ぎしたが、旧知の新聞記者の情報によると、阪神のフロントは岡田監督と関係が悪く、以前から辞めさせる意向を持っていたらしい。

岡田監督就任の際、後ろ盾の阪急阪神ホールディングス・角和夫会長が球団に「2年間」という期間を示していたと見られ、球団も阪急側が監督人事に介入するのは今回だけと認識しているという。結果がどうであれ、約束通り2年で退任というわけだ。

私は財界の複雑な関係や監督退任の経緯は知らないが、岡田の任期が2年なら2年で交代したらいいではないか。そんなことより、阪神で立派な実績を残した岡田はまだ60代。また縁があったら弱いチームに行って、強くして優勝したら立派だ。そうすれば、岡田はひと回り大きな指導者になるだろう。

それより問題は、藤川球児が次期監督になったことだ。彼は投手としては立派な実績を残しているOBだが、私はもともと投手出身の監督には賛成できない。監督に適しているポジションは、野球の複雑な動きや勝負について勉強し、経験を積んでいる捕手か内野手出身がいい。

さらに藤川の不安は、二軍監督やコーチなど指導者の経験がないことだ。岡田はもちろん、巨人の阿部やヤクルトの高津臣吾、DeNAの三浦大輔、ソフトバンクの小久保裕紀、オリックスの中嶋聡、楽天の今江敏晃、ロッテの吉井理人など、ほとんどの監督は二軍監督やコーチを経験している。

それだけに、投手出身の藤川が監督なら、阪神が誰をヘッドコーチにつけるかが興味深い。野球の広い知識と経験を持つ優秀なヘッドをつけないとうまくいかないのではないか。

「ショートは8番。打たんでええ」

野球の勝負は7割がた投手で決まる。セ・パ両リーグで監督を務め、3度日本一になった私の経験でも、同じことがいえる。

2023年の阪神も、チーム防御率はリーグトップの2・66。先発陣はリーグナンバーワンの安定感を誇り、村上頌樹、大竹耕太郎、伊藤将司の10勝トリオを生んだ。また島本浩也、加治屋蓮、桐敷拓馬、石井大智など、それほど知られていなかった投手たちをうまく使って救援陣を構築し、最後は35セーブ、防御率1・77の左腕、岩崎優で締めた。

なかでも16年ぶりの10連勝で突っ走った8月は、先発投手を除く救援防御率が1・58だった。

層の厚い投手陣を構築し、それぞれの個性を生かした継投策を展開した岡田の采配は見事だったが、打線や守備位置を固定したのも球界最年長監督らしい戦略だった。

報道によると、岡田は就任直後の秋季キャンプで「ショートは8番。打たんでええ」と語ったという。「打たんでええ」はジョークだろうが、まずは守りの要であるショートを固め、投手の前でなんとか出塁して1番・近本、2番・中野につないでほしいという計算があったのだろう。

実際に公式戦が始まると、岡田は外野の大砲・佐藤輝明を本来の三塁に固定し、前季ショートで135試合に出場し、打率・276を残した3年目の中野を二塁に移し、前季41試合で打率・204の5年目の強肩、木浪聖也を8番・ショートに定着させた。

一方、優勝決定までの打順を見ると、1・2番は近本・中野、4番は不動の大山悠輔、5番は佐藤。8番は7戦目から最後までほとんど木浪を起用し、「打たんでええ」ショートは打率・267、1本塁打で期待に応えた。

そして木浪は、セ・リーグのCSでも打率5割の大暴れでMVPを勝ち取った。

阪神は選手たちが監督の描いた戦略に沿って「守り勝つ野球」を実践したのに対し、他チームが勝手につまずいて〝漁夫の利〟を得た形だ。

まずヤクルトは前年の三冠王・村上の不振が最大の敗因。加えて2年連続優勝に酔った選手たちに貪欲さがなかった。巨人も阪神に何ゲームも差をつけて独走してもおかしくない戦力を持ちながら4位に終わり、2年連続でCS進出に失敗したのは、ビジョンのない原監督の責任だ。

ＤｅＮＡは今永昇太、東克樹といった好投手と、宮崎敏郎、牧秀悟という好打者がいて戦力的には整っているが、長年の負け癖が染みついているのか、大事なところで勝ち切る地力が足りない。中日は最下位に終わったが、大切なのは勝ち負けではない。この選手を育てているな、という雰囲気がなかったことだ。

侍ジャパン・井端監督の〝逆シングル〟推奨に異議あり

プロ野球のテレビ中継を見ていると、いろいろなＯＢ評論家が登場して解説する。私に言わせると、ほとんどの解説者が現役時代の体験論を語るだけで内容が乏しく、勉強不足というほかない。

選手としてはそこそこの実績を残して人気があっても、監督経験がないために内容に根拠と説得力が乏しく、最近の目が肥えたファンよりレベルの低い解説者が多い。つまり解説者としての資格がない評論家が多いということだ。評論家はもっと勉強して、結果論や見たままの解説をしたり、球団や選手、コミッショナーに忖度《そんたく》するのではなく、ファンではわからない野球の本質を語ってほしい。

それだけに、自信たっぷりの解説を聞きながら「それは違うだろう」と驚くようなことがある。

たとえば2023年6月18日、東京ドームで行われた交流戦、巨人－楽天がそうだった。この日は巨人の交流戦の最終戦で、菅野が敗戦投手になって巨人のV逸が決まった試合だが、工藤公康、福留孝介とともに解説していた井端弘和（現・侍ジャパン監督）が内野手の守備について「逆シングルのすすめ」を力説したのには驚いた。

現役時代を巨人のショートとして過ごし、生涯「理想の守備とは何か」を追究してきた私には看過できない発言だった。

――逆シングルで行っても吉川（尚輝）は足が速いので打球の正面に入ろ――

うとしちゃう。正面に入らなくてもいいので、とにかく投げやすいほうは逆シングルで入って振り向いてそのまま投げたほうがいい。とにかく逆シングルでもいいから左足で合わせたほうがいい。

ツーアウトランナー二塁とか、状況によって1点もやれないとき、後ろに逸らしたらいけないというようなときにはあえて正面に入って確実にアウトにすることもあるかもしれないけど、ほとんどアウトにするというところでは、(右側は)逆シングルはどんどんやっていくべきだなと思う。

(日本テレビ「プロ野球セ・パ交流戦 巨人ー楽天」2023年6月18日)

侍ジャパン(野球日本代表)の井端監督は現役時代、中日で落合博満監督に鍛えられて荒木雅博二塁手と二遊間を組んだ。その後、2016年から2018年までは巨人の内野守備走塁コーチを務めたが、「内野手は逆シングルで捕れ」というのは間違っている。

たとえばショートが三遊間のゴロを追うとき、打った瞬間に予測して打球の正面に入るのが守備の基本だ。そのほうが確実に捕球し、素早く正確な送球ができる。

私も巨人時代、ショートの守備で逆シングルで捕ったことはある。しかしそれは打球が速く、正面に入れないときの非常手段だった。

常に正面での捕球を心がけるということは、それだけ早く打球に反応しなければいけないということだ。結果として、少しずつ守備範囲は広くなる。逆に三遊間や二遊間の打球をショートやセカンドが安易に逆シングルで捕るクセがつくと、反応が遅れ、守備範囲が知らぬ間に狭くなるのだ。

安易な逆シングルを助長したのは人工芝だ。雑なプレーや信じられないようなエラーが増えたのは、イレギュラーバウンドのない人工芝に安心しきって基本プレーを怠っているからだ。

ビジョンがある監督は岡田と新井

2023年のセ・リーグが阪神の独走で終わったとき、私は「やっぱりな」と思って、驚きもしなかった。シーズンが始まる前から、記者や旧知の野球ファンから「今年はどこが優勝しますかね」と聞かれると、即座に「阪神か広島だろう」と答えてきた。後付けの結果論ではなく、2022年末の連載コラムに新井が広島、岡田が阪神の新監督に就任したのを受けて「面白いのは広島と阪神」と書いている。

広島の新監督に就任した新井貴浩は見どころがある。彼は就任会見で「ファンの方々が見ていてワクワクするようなチームにしたい」「コーチ陣に求めること？　勝つためにどうしていくのかということを考えてもらいたい」「カープの伝統として猛練習があるので量も質も追いかけていきたい」とコメントしていた。

（中略）

実際に秋季キャンプに入ると、現場をきちんと見ていた。あれが本当の監督である。藤井彰人ヘッドコーチの話も真摯に聞いていた。一見、ヘッドコーチのほうが監督のようだった。

（中略）

一方、岡田彰布監督が復帰した阪神も面白い。早稲田の後輩だから言うわけではないが、岡田監督は素直な男だ。

最初に監督を務めたころ（２００４年）には投手陣のことをなかなか見ようとしないため、理由を聞いたら「投手のことは分からないので、投手コーチに任せています」と言った。私は「コーチに丸投げするな。

監督はすべてを見る責任がある」と諭した。その後、岡田は投手陣にも目を配るようになった。2005年には「JFK」を原動力にリーグ優勝を達成した。

（「廣岡達朗コラム『新井貴浩、岡田彰布が新監督に就任　2023年、面白いのは広島と阪神』」週刊ベースボール ONLINE、2022年12月16日
https://column.sp.baseball.findfriends.jp/?pid=column_detail&id=002-20221226-20&from=db_art）

生きのいい新監督を迎えた赤ヘル軍団は、2023年の前半戦を首位・阪神に1ゲーム差の2位で終えた。3位・DeNA、4位・巨人と続き、5位は前年の覇者・ヤクルトだった。そして新井カープは7月27日、10連勝で首位に立った。

しかし、選手層の薄い広島は猛暑の8月に息が切れ、8月10連勝、9月11連勝の岡田阪神に18年ぶりのリーグ制覇を許した。新鋭・新井は現役監督最年長の岡田阪神に完敗したのだ。

原監督の敗因と引責辞任

２０２３年９月14日、甲子園球場で行われた巨人戦で阪神が18年ぶりのセ・リーグ優勝を決めたとき、巨人の２年連続Ｂクラスもほぼ決まった。２０１９年から５年間続いた、第３次原監督の時代が終わった日でもあった。

原は２００２年に巨人の監督に就任すると、いきなりリーグ優勝と日本一に輝いた。その後も通算17年の監督生活で計９度のリーグ優勝と３度の日本一を達成し、２０２０年には川上哲治監督の１０６６勝を抜き、通算１２９１勝は巨人の監督として最多記録である。

だが、きら星のような実績を誇る原の記録に陰りが出たのはこの３年間だった。２０２１年が３位に終わると、２０２２年からは２年続けて４位。球団初の２年連続Ｂクラスが決まった９月29日には「監督がどういう役割かはわかっている。新しい力に託すべきだと思った」と語り、山口寿一オーナーに辞意を伝えた。３

年契約を1年残しての引責辞任だった。

1年前の進退伺いでは「新人を積極的に使った」と評価して続投を決めたオーナーも、今回は慰留しなかった。

原の誤算はどこにあったのか。敗因はいろいろあるが、一言でいえば「人間は歳とともに衰える」という自然の法則と向き合わなかったことだ。

これまでも著書やコラムで繰り返し書いたように、原に限らず巨人は長い間、生え抜きの選手を手塩にかけて育成する努力を怠り、他球団が育て上げた主力選手をFAで補強して戦力を強化してきた。

しかし人間の体力や能力は無限ではない。象徴的だったのが丸佳浩と先述の坂本だ。

丸は2018年に広島で打率・306、39本塁打、97打点の成績を残してFAで巨人に移り、クリーンナップの一角を務めてきたが、打率は徐々に下がり、巨人では一度も3割をキープできなかった。

またホームランも27本、打点も89をピークに下り坂を続けている。２０２３年はシーズンを通じて例年よりベンチスタートが多く、規定打席数にも届かなかったが、２０２４年は1番に定着し、打撃よりも外野の守備で貢献する場面が増えた。

17年で9度の優勝は巨人の伝統のおかげ

どんなに優秀な選手でも、自然の法則にはかなわない。太陽は永久に毎朝東から昇って西に沈み、万物に平等に降り注ぐ。これが自然の法則だ。

もし原が「これまで巨人だからこそ勝ててきたのであって、その巨人で3年続けてリーグ優勝できず、11年も日本一になれなかったことで、自身の野球に疑問が生じた。だから、しばらく弱いチームで野球の勉強をし直します。いろんな勉強をさせてもらいます」と言ったらほめてやる。

それで勉強し直せば、指導者としてもっと偉くなって、野球界がよくなっていくからだ。原はまだ60代半ば。辞めるといっても永久に辞める必要はない。他球団で勉強を積んでまた巨人に帰ってくれば、これまでとは違ったレベルの野球を見せてくれるだろう。

しかし原は、「17年間で9回のリーグ優勝の功績は本当に大きい。ジャイアンツの伝統、ジャイアンツの魂を今後に伝える役割としては原監督以外にない」という山口オーナーのすすめで「オーナー付特別顧問」に就任した。

私に言わせれば、せっかく外の世界で大きく成長できるチャンスを逃したのは惜しいが、これまでと同じぬくぬくとした環境で後任の阿部に口出しをするのだけはやめてほしい。

巨人がプロ野球の盟主でなくなった理由

私はこれまで多くの著書を出版してきた。そのほとんどがプロ野球への提言と「野球の本質とは何か」を語ったものだ。なかでも巨人への批判が厳しいのは、現役時代ショートを守った古巣への愛着ゆえといっていい。

いつも言うように、1934（昭和9）年12月、日本初のプロ野球・巨人軍を創立した初代オーナー・正力松太郎さんは「巨人軍はプロ野球の盟主たれ」と宣言していた。盟主は、すべてがプロ野球と全選手の模範でなければならない。さらにいえば、巨人軍は技術はもちろん、日常の立ち居振る舞いも学生野球から少年野球まで、すべてのお手本でなければならない。

だから巨人は、常に正しい野球を追求し、見本を示さなければならない。ところが困ったことに、大リーグの間違った野球を猿まねするものだから、大学・高校・社会人野球、果ては中学生や少年野球までがテレビの巨人野球の真似をする。

ここで大事なのは、子どもたちが形だけプロの真似をしたがるとき、学校や少年野球の指導者は「なぜそんな投げ方や打ち方や捕り方を真似するのか」を聞き取り、「それは間違っている」と根拠を示して正しい技術を教えてやらなくてはいけないということだ。

ところが、学校の先生や少年野球の監督は大学や高校で正しい野球を経験したことが少ないから、何が正しく、どこが間違っているかを見抜いて指導することができないのだ。

ドジャースの組織力に学べ

ここに1冊の雑誌がある。国際誌『東京ジャーナル』だが、その283号で「70年の秘密：大谷翔平、ドジャース入りの必然」という特集を組んでいる。

ドジャースといっても、書かれているのは最近のドジャースの話ではない。1

956（昭和31）年から約70年もの間、元オーナーのウォルター・オマリーさんと息子のピーター・オマリーさんが、巨人を中心に日本野球界と深い絆を育んだ「大谷とドジャースの縁」を描いた物語である。

この物語の主役・オマリー親子は私が巨人の現役時代から親交がある大リーグ一の親日家だ。親子で50年にわたってドジャース全盛時代を統括してきたピーターさんは、19歳でドジャースの日本遠征に同行して以来、すっかり日本ファンになった。初めての日本訪問で心に残ったことを聞かれると、「文化です。上質、品位、友情、長年の絆ですね」と表現している。

そしてドジャースの歴史について「これほど成功したのはなぜだと思われますか？」と聞かれると、「継続性と安定性がキーワードでしょう」と言い切った。

父が会長を務めたのは1950年から1970年、私は1970年から1998年。約50年、父と私がこのチームを統括してきました。40年代にブランチ・リッキーがジャッキー・ロビンソンをチームに招き、ファーム制度への道を開きました。ファーム制度誕生の立役者は、ブランチ・リッキー、加えてスカウトマン、コーチ、監督らです。才能ある選手を発掘し育て、メジャーリーグに送り出したのです。父と私がチームを率いた50年間、1年に14人の新人が生まれています。この数は群を抜いており、我々の選手育成がいかにうまく機能していたかが分かるでしょう。幹部やフロントの立場においても継続性が重要です。40年以上のあいだに我々のチームで監督を務めたのは、ウォルター・オルストンとトミー・ラソーダの2人だけです。

（*Tokyo Journal*, Volume 43, Issue #283）

私はこれまで、著書やコラムでアメリカのファーム制度と、事実上、二軍だけでファーム制度がない日本のプロ野球を比べ、選手育成がいかに重要かを説いてきた。ピーターさんの語るファーム制度は大変大事なところで、日本のプロ野球はテレビで上辺の技術を真似るだけではとても大リーグに追いつけないことと、コミッショナーやオーナーたちは監督、コーチ、OBの指導や選手層の底上げに真剣に取り組まなければいけないことを認識しなければならない。

なかでも球界の盟主を誇る巨人が近年、自前の選手育成に手を抜き、他チームで育った実力者を高額の年俸とチームのブランド力で集めて戦力アップを図ってきたことは猛省すべきだ。

自力再生の覚悟がなければ復興はない

私はいつも結果論を言っているわけではない。2019年の著書では、冒頭で「原巨人の誇りなき金満補強」を取り上げている。

3度目の指揮を執る原辰徳が補強の全権を任された巨人の最大の収穫は、FA(フリーエージェント)市場の超目玉だった広島・丸佳浩外野手を獲得したことだ。

(中略)

しかし事実上のGM(ゼネラルマネジャー)まで兼務し、チーム編成の全権を与えられた原の補強戦略には納得できないことが多い。

まず原補強の目玉・丸に、5年契約年俸総額25億5000万円もの投資をして、優勝どころか3位や4位にでもなったら誰が責任をとるのか。

また逆に、丸の活躍で5年ぶりの優勝ができたとしても、これまで負け続けてきたライバル・広島の主砲の力を借りてのV奪回では意味がない。

(中略)

今回の補強を見ていると、原も生え抜きの若い選手を育てる熱意より、大砲を並べる巨人伝統の「オールスター打線」を組みたいのだろう。

『言わなきゃいけないプロ野球の大問題』（幻冬舎）

そして私は、「自力再生の覚悟がなければ巨人の復興はない」と書いた。

たしかに2019年から2年間は原巨人がリーグ連覇した。だが日本シリーズでは工藤公康監督のソフトバンクに連続4連敗の屈辱を味わった。しかもその後、2021年からの3年間は3位、4位、4位と低迷を続けて原巨人は幕を閉じた。

ちなみに原新政権のFA戦略の象徴だった丸はこの3年間に打率・265、23本塁打→打率・272、27本塁打→打率・244、18本塁打と下降線をたどり、34歳を迎えたFA契約最後の2023年は121試合で385打数と規定打席数にも達しなかった。私の予感は間違ったのだろうか。

私は当時プロ生活16年目を迎えていた丸を責めるつもりはない。人間が歳とともに衰えるのは自然の摂理であり、総額25億円超の巨額投資で楽な試合をしている間に次世代の戦力育成を怠った全権監督と、監督にすべてを一任したオーナー以下フロントの怠慢と責任を指摘しているのだ。

「2番強打者論」の失敗

旧体制で勝てなくなったのは、原監督だけの責任ではなく、歴代監督と、勝つために恥も外聞もなく投資を続けてきた本社オーナーとフロントの責任を忘れてはならない。

この盟主らしからぬ金権戦略は何度も指摘してきたが、3次にわたる長期政権で巨人野球を腐敗させた原監督の独裁采配の責任ももちろん少なくはない。

私は近年の巨人野球を見ていると、腹が立って仕方がない。やがて情けなくなって、野球中継のテレビを途中で消すことが多くなった。

私が原の野球でがまんできないのは、大リーグの真似をした2番打者強打者論の強行だ。

先述の丸が巨人に移籍してから、原は「2番・坂本、3番・丸」のサカマル打線を組んで注目を浴びた。だが私は当時からこの打線に反対してきた。これはクリーンナップを一人ずつ繰り上げただけだが、立ち上がりから大量点を取りにいく欲張り戦術は日本野球の本質を無視しているからだ。

選球眼がよく、バントなどの小技ができる選手を1・2番に置いて相手投手にプレッシャーをかけ、3番以下のクリーンナップで掃除（得点）するのが本来の日本野球である。

ところが巨人は楽に点を取るために、毎年大金と個人のブランド（人気）で他チームから実績のある大物選手を集めて、4番バッターがそろったオールスター打線を組んだ。

これだと監督は楽なものだが、好不調の波があるバッティングは水物だ。打てないときや1点差勝負では、出塁した走者をバントで送って投手にプレッシャーをかける作戦が必要になる。

相手投手から見れば、巨人には「クリーンナップを前にバントで走者を二塁や三塁に送られてしまう」というプレッシャーがない。これでは日本の野球がダメになる。

そもそも、この「2番強打者論」は大リーグで生まれた。典型はエンゼルスの「2番・トラウト、3番・大谷」だったが、右ヒジが治って二刀流が復活した2021年の大谷は2番・DHで46本塁打、100打点、打率・257。投手としても23試合に登板し、9勝2敗の成績を残してリーグの最優秀選手（MVP）に選ばれた。2023年には44本塁打で95打点、打率・304、投手では10勝5敗でホームラン王と2度目のMVPを受賞した。

だが体格やパワー、スタミナでも大リーグの選手に引けを取らない大谷は例外で、もともと四球出塁やバントの思想がなく、どこからでもホームランが打てるアメリカのパワー野球はこれでいい。しかしメジャーより体が小さい日本では、小技を含めた緻密な野球に磨きをかけるべきだ。

どの打順にも役割がある

困ったことに、巨人の野球は常に他球団をはじめ学生野球、少年野球までもがお手本にする。お手本にするのはいいが、テレビで見た形だけを根拠もなく真似するから、結果として大リーグの猿まねになる。

たとえば2023年の広島は後半戦初日の7月22日、中日戦で二塁・上本崇司を4番に起用した。この日、上本は2安打で貢献し、広島は5－3で中日を破って首位・阪神にゲーム差なしの2位と後半戦の好スタートを切った。当時の上本は打率・269だった。

上本はこの試合を含めて12試合で4番を務め、45打数12安打。シーズンの最終成績は84試合に出場して打率・259、1本塁打だったことでもわかるように、4番打者のタイプではない。

身長170センチ・体重76キロ、プロ12年目の34歳。打ち方は面白いし、センスもいいが、彼は体や持ち味からいって、チャンスにたまった走者を一掃するような4番より、1番にしたらしつこいという選手だ。ファウルで粘り、投手にたくさん投げさせてクリーンナップにつなぐような役目を果たす。4番より、1番か2番に据えたほうがもっと有効に働くいい選手なのだ。

たしかに後半戦が始まった時点で1番の菊池涼介、3番の秋山翔吾と並んでチームでトップクラスの打率を残していたが、打順にはそれぞれ適性と役目があるのだから、数字の高い順に並べるものではない。新井監督が2023年シーズン、唯一間違えたのが上本の4番起用だった。

原巨人がオーダーをしょっちゅう変えるのと同じで、猫の目の日替わり打線が流行になっているのは間違いだ。打順にはそれぞれ大事な役割があるが、日替わりでクルクル変えてしまえばその役目は機能しなくなる。

「一人一殺」継投は間違いだ

なにごとも人間はやる気の問題である。指導者は選手をやる気にさせて、やらせることだ。監督はその試合を勝ちたいためになんでもやる。「巨人は勝たなければファンや親会社の読者がうるさい」と歴代の球団首脳や監督は言う。しかし、目の前の試合に勝ちたい、そして優勝したいのは巨人だけではない。

原巨人も1試合に9人も投手をとっかえひっかえつぎ込んだ試合があったが、ソフトバンクにやられっぱなしだった日本シリーズでならともかく、ペナントレースでやる継投ではなかった。

原がよくやった小刻み継投がよくない理由は、その投手が成長しないからだ。

右対左、左対右でも、自分の不利な相手を一生懸命抑えようとすれば成長するのだ。不利な相手や不利な状況を一生懸命乗り越えたとき、監督が「よくやったな」とほめてやれば、人間はそれで一つ成長する。才能があってプロのユニフォームを着ているのに、打者が左だから左投手、右だから右投手という使い方はアマチュア野球だ。

高梨雄平や大江竜聖などは、極端な左のサイドスローで成功しているように見えるが、それでは成長しない。当人は休みもわからず、ベンチもいくら休ませたらいいかもわからない状態では、だんだんうまくいかなくなるのだ。

それを左対左で抑え、打者が右に変わったら機械的に投手も右に代えるようなことをしていたら投手が成長するわけがない。左打者にしか通用しない未成熟な投手になってしまう。

高梨にしても大江にしても、一時抑えを任された中川皓太にしても、よく任務を果たしたが、一人一殺のショートリリーフができるのなら右左でワンポイントだけでなく、複数回の中継ぎやロングリリーフができるはずだ。当人たちはワンポイントでもなんでも一生懸命務めるだけだが、歳を取って引退したときに「あのときの俺は何だったのか」と悔いが残るのだ。

使い捨て起用では選手は育たない

同じことは野手の起用にもいえる。マスコミは「○○のスペシャリスト」といって代走や守備要員を持ち上げているが、彼らはチャンスやピンチだけの便利屋で満足しているわけではない。代走や守備要員でも、チャンスがあればなんとかベンチの期待に応えようと頑張っているが、内心は1試合でも多く先発出場したいのだ。

私の大学の後輩でもある外野手の重信慎之介は早大の主力打者として神宮球場で活躍した。巨人では4年目に106試合に出場して打率・266、16打点、14

盗塁の成績を残したが、5年目からは代走の切り札になり、9年目、31歳の2024年も代走と守備要員として33試合に出場、わずか1安打に終わった。

その重信が言っている。「代走だけで終わりたくない」と。

こういえば、「それがプロだ。力をつけてレギュラーになれ」と言われるだろうが、原時代のように、猫の目打線・使い捨て起用だけでは選手は育たない。

私が初めて監督を務めたヤクルトでは、当時の松園尚巳オーナーから「広岡君、縁あって入ってきた選手を教え込んで勝ってくれ。それがうれしい」と言われた。監督としてはトレード補強が嫌いなオーナーは困ったものだが、いまにして思えば松園さんの考えは正しい。

私はヤクルトの4年間で1度、西武の4年間で2度、日本シリーズで勝っているが、日本一を目指しながら常に選手を育てることを忘れなかった。「育てて勝つ」がモットーだったが、結果だけを求めて選手を使い捨てる原野球にはそれが感じられなかった。

原に誰も何も言えなかったのか

巨人がこれまで強かったのは、巨人の伝統で勝っていたからだ。原にはそれがわからなかった。

原のお父さん、貢さんは偉い野球人だった。佐賀県の出身で、立命館大学を経て福岡県大牟田市の社会人野球で活躍し、三池工業と東海大学付属相模高校の監督として夏の甲子園大会で各1回優勝。東海大学でも監督を務め、原を厳しく指導して首都大学リーグで7連覇を達成した。

原は巨人入団後も父親に指導を受けたが、第2次巨人監督時代の2014年、貢さんは78歳で亡くなった。

原は気に入らない人間は使わなかった。たとえば私の出身大学の後輩・仁志敏久は、東京六大学リーグでシーズン6本塁打を記録するなど早大の主将として活躍、遊撃手としてベストナイン3回、早慶戦史上初のサヨナラ満塁ホームランを放った。

卒業後は日本生命に入って都市対抗野球で活躍し、1995年のドラフト会議で逆指名の2位で巨人入りした。

巨人では二塁や三塁を守り、打率・270、7本塁打、24打点で巨人の野手として原以来15年ぶりの新人王を受賞した。巨人では11年間、ほとんど100試合以上に出場した。2001年には初の全試合出場を果たし、2年連続の20本塁打を記録したが、2006年には原が2度目の監督に復帰したこともあって構想から外れ、このオフに仁志は横浜ベイスターズにトレードで移籍した。

巨人～横浜でほとんどレギュラーだった仁志の通算14年間は打率・268、154本塁打、541打点。晩年は体力の衰えが目立ったものの、攻守ともによかった仁志が突然巨人を去ったのだ。

そういえば茨城県出身の仁志には、171センチの小柄な体に、「間違っている」と思ったら上司や権力に対してなんでも直言する〝早稲田精神〟がこもっていたように見える。

早大野球部のOBの間には、仁志の主将時代、当時の石井連藏監督の指導方針に反発した選手を代表して、仁志が先発オーダーを決めて優勝したという伝説がある。

鼻っ柱の強い仁志は、7歳上の原にも遠慮なく意見を言って、煙たがられたのではないか。原政権の晩年には、「巨人のコーチたちは黙って、監督に何も言わなくなった」という話もよく聞いた。

全権監督の専権人事

原監督の辞任が正式に決まったのは2023年10月4日だった。セ・リーグの全日程が終了し、巨人の2年連続4位が決まったときだ。

原は巨人の監督を3度務め、9度のリーグ優勝と3度の日本一に輝いた。しかし監督通算17年目の同季は優勝争いに加わることなく、CSに進出することもできなかった。

原はこの日、東京ドームで行われたDeNA戦後、ファンへの挨拶で後任が阿部ヘッド兼バッテリーコーチであることを明らかにしたが、3年契約に1年を残しての引責辞任だった。

このとき、私は旧知のファンや記者に「今年の巨人はコーチも選手も戦力外がたくさん出るぞ」と言った。

2024年2月時点での選手のトレードや引退、球団職員などへの内部異動は計25人。一方、ドラフト採用やトレード、新外国人の入団は23人だった。

首脳陣は、大久保博元・打撃チーフコーチ、元木大介・作戦兼内野守備コーチ、鈴木尚広・外野守備兼走塁コーチ、阿波野秀幸・投手チーフコーチ、青木高広・二軍投手コーチ、小笠原道大・三軍打撃コーチ、矢貫俊之・三軍投手コーチ、石井昭男・巡回打撃コーチの8人が原監督とともに巨人を去った。

勝負の世界は結果がすべてだ。敗軍の将とともに多くの将兵が身を引くのは世の常だが、新旧の人事異動で私が注目したのは、原が3年前に「サプライズ人事」で巨人に復帰させた桑田真澄の処遇である。

桑田が実に15年ぶりに古巣・巨人に復帰したのは2021年1月だった。まさにキャンプが始まる直前、原が一軍投手チーフコーチ補佐に招聘《しょうへい》したのだ。原は記者会見で「新年早々、こいつは春から縁起がいい」とサプライズ人事を自画自賛したが、私は当時、この突然の人事に違和感と疑問を持った。最大の謎は、巨人復活の救世主として桑田に白羽の矢を立てたのなら、なぜ巨人はこれまで15年も彼を無視してきたのかということだ。

そして2つ目の謎は、これまで桑田が巨人だけでなく、どの球団からも指導者としてのオファーがなかったこと。3つ目の謎は、巨人が日本シリーズでソフトバンクに4連敗した直後の2020年12月に、宮本和知・投手チーフコーチを含む一軍コーチ陣を発表していることだ。その1か月後の桑田招聘はあまりに場当たり的な人事であり、3年契約の最終年を迎えた原が「やっぱり宮本チーフコーチではダメだ」と決断したことになる。

桑田とチームの野球理論のズレ

そして4つ目の謎は、桑田の野球理論である。

大リーグにも挑戦した桑田は引退後、早大や東大の大学院でスポーツ科学を勉強した。根性論や「質より量」のスパルタ練習を嫌い、巨人の投手チーフコーチ補佐に就任した際の所信表明でも次のように語っている。

「我々の時代はたくさん走って投げろという時代だったと思うんですね。でもいまはテクノロジーの進化で自分が投げているフォームをすぐにコマ送りで見られる時代なので、自分の感覚、イメージ、それと実際の動きが一致することが大事だと思っています。そうすることで彼ら（投手陣）の潜在能力を引き出せると思っています」

（鷲田康「〝借金処理〟の確執も超えて…桑田真澄コーチ就任のウラにある原辰徳監督の〝聖域なき改革〟とは」Number Web、２０２１年１月13日 https://number.bunshun.jp/articles/-/846645）

ここで私が気になったのは、次期監督といわれていた阿部をはじめとするコーチ陣と考えに大きな違いがあることだった。

たとえば桑田復帰直前の２０２０年12月、内部異動で二軍投手コーチから一軍投手コーチに昇格した杉内俊哉は、「古巣・ソフトバンクの豊富な練習量を参考にして投手王国を目指す」と語っていた。

新聞によると、杉内は２０１２年にＦＡでソフトバンクから巨人に移籍したとき、「（巨人は）ランニングとトレーニング量が少ないと思った」という。

それまで日本シリーズで2年連続で巨人に4連勝したソフトバンクは練習量が巨人のほぼ倍だったという杉内は、「若い選手には必ず（これまで以上に）やらせます。200（メートル走）を20本とかは当たり前。（巨人の投手も）当たり前にこなしてほしい」と語っていた。

その前年まで二軍監督として杉内の上司だった阿部も、「二軍を鍛えて巨人野球を底上げすること」を基本方針にしていた。そこへ桑田の科学野球が加わって、「内閣不一致」の原巨人は日本一奪回ができるのか。その不安は的中した。

〝投壊〟の責任を桑田に押しつけていいのか

2021年、原監督のサプライズ人事で桑田を投手チーフコーチ補佐に迎えた巨人は投手陣の防御率が3・63でセ・リーグ4位に沈み、チームは前年の優勝から3位に転落した。

そして私の不安が現実になった。桑田が投手チーフコーチに昇格した2022年、一軍投手コーチだった杉内が三軍投手コーチに左遷されたのだ。詳しいチーム内の情報はわからないが、これは巨人の投手首脳陣に亀裂が始まった兆候だった。そして亀裂は桑田と原監督の間にも広がり、名門・巨人は投壊と浸水を深めることになる。

桑田が投手チーフコーチを務めた2022年の投手陣の防御率はリーグ最下位の3・69で、チームは4位。2023年の桑田は「ファーム総監督」という肩書きに代わったが巡回スタッフで、一軍ベンチを追われた。ちなみにこの年の巨人投手陣は防御率3・39の5位で、チームは球団史上初の2年連続4位。CS進出も逃したことはすでに述べた。

原はシーズン終了後に引責辞任したが、後任の阿部は巨人復活を目指す一軍の投手チーフコーチに三軍投手コーチだった杉内を呼び戻し、桑田を二軍監督に据えた。

	桑田の肩書き	チーム防御率（順位）	リーグ順位
2021年	投手チーフコーチ補佐（チーフ：宮本）	3.63（4位）	3位
2022年	投手チーフコーチ	3.69（6位）	4位
2023年	ファーム総監督（チーフ：阿波野）	3.39（5位）	4位
2024年	二軍監督（チーフ：杉内）	2.49（1位）	1位

一連の人事を見ると、阿部新監督が「鍛えて育てる野球」で名門復活を目指していることはわかるが、前監督が15年ぶりに桑田を呼び戻した3年前の「サプライズ人事」とはいったい何だったのか。

桑田が巨人に復帰してからの成績を表にまとめると上のようになる。

プロ野球は監督を中心として投手、バッテリー、打撃、守備・走塁の各部門に信頼できるコーチを配して戦う分業主義になっている。この体制で監督の目指すチームと野球を構築する競技なのだ。だから監督はすべての分野に精通し、その結果に責任を持つ。つまり監督は自分が経験した専門分野だけでなく、すべての分野を勉強し、すべての結果に責任を負わなければならないのだ。

巨人の場合、原が独断で桑田を招聘した以上、投手陣のすべてを桑田に任せるか、その指導方針や考え方が監督と違う場合は指導・説得して監督の目指す野球を実行させなければならない。それが監督の責任というものだが、表のような桑田の処遇と投手成績やチーム成績を見ると、原が4年前に自画自賛したサプライズ人事は失敗だったというほかない。

監督候補をメジャーに留学させろ

17年間で9度リーグ優勝した原巨人が終わったとき、巨人は原のもとでヘッド兼バッテリーコーチを務めた阿部慎之助を後任に指名した。強打の捕手出身で、明るい人柄はファンにも人気があって、巨人再建には悪くない人事だ。

このときの私の最大の関心は、阿部がどんなコーチ陣を編成するかだった。それこそが、巨人再建を占う最大の課題でありキーワードだったからだが、その前に、監督は誰がどうやって選ぶのか、その現状と課題を考えてみよう。

まずアメリカのように、層が厚く充実したマイナーリーグがない日本では、コミッショナーが独自に指導者を育成する教育制度を作るべきだが、それもない。また、そういう意欲的で熱心なコミッショナーをオーナー会議は歓迎しない。ではどうするか。

私は巨人を引退した翌年の1967（昭和42）年1月に渡米して、大映（現・ロッテ）のハワイキャンプに続いて2月にはフロリダ州ベロビーチに渡り、ドジャースのキャンプ地ドジャー・タウンで始まった巨人の米国キャンプを視察した。ここで当時の川上巨人にいじめられた仕打ちは生涯忘れられないが、それはさておき引退後の海外勉強に話を戻そう。

私は巨人がベロビーチ・キャンプを終えて帰国した後、ドジャースの厚意で各地の大リーグキャンプを見学した。その後、大リーグ野球の人材源でもある中南米まで足をのばして、貧しいなかで青少年たちがどんな野球生活を送っているかをつぶさに見た。

そればかりでなく、帰途はヨーロッパを回ったことで、野球以外のさまざまな国と社会と国民の生活を見ることができた。

これらの自費留学は、その後、広島〜ヤクルト〜西武のコーチ・監督として選手を指導するうえで大変役に立った。

2021年から2023年まで、パ・リーグを独走して3連覇を達成した中嶋聡監督の経歴を見ても、指導者としての経験と実績が結実したことがうかがわれる。

彼は巨人の原監督のような花道を歩いた指導者ではなかった。秋田県の鷹巣農林高校から阪急ブレーブスに入団し、阪急・オリックス〜西武〜横浜〜日本ハムの4球団で捕手を務め、1550試合に出場した。打率・232、55本塁打、3

49打点の記録を残したが、引退後は日本ハムやオリックスでコーチや二軍監督として指導者の道を歩いた。

注目すべきは、日本ハム時代の2016年から2年間、GM特別補佐としてパドレスに派遣されていることだ。2018年に帰国した後は一軍コーチに復帰、2019年からは古巣オリックスの二軍監督も務めた。

46歳まで実働29年間マスクをかぶり続けた中嶋は、引退後のパドレスへのコーチ留学で野球の裏表を勉強したはずだ。

各球団も、将来の監督・コーチを選ぶときは人気の高いスター選手OBを物色するのではなく、指導者の資質があるコーチをマイナーリーグに留学させて野球の奥義を学ばせるべきだ。

それでも球団がコーチ留学をさせてくれないなら、自費でアメリカ留学をすればいい。きっと第2の人生の財産になる。

第3章
大谷翔平は外野手で三冠王を目指せ

大谷・山本のドジャース長期契約は間違っている

最近の大リーグの大型複数年契約には驚くほかない。これまで私が繰り返し警告してきたのは、「大リーグの高額複数年契約を真似するな！」ということだった。

１５０年に及ぶ大リーグの長い歴史は、オーナー側と強力な力をたくわえた選手会の熾烈な闘争の歴史でもあった。選手の年俸高騰は球団経営を苦しめ、結果としてチーム間の戦力格差を招いた。そのきっかけとなったのは１９７６（昭和51）年に生まれたＦＡ（フリーエージェント）制度だ。

６年間大リーグ登録された選手はＦＡ資格を取得でき、権利を行使すればほかの球団と自由に契約することができる。ＦＡは選手にとっては移籍の自由をゲットできるが、力のある選手は各球団の争奪戦になり、後ろに腕のいい代理人がついて、年俸のつり上げ、高騰を招く結果になった。

この「悪魔のささやき」は1993年に日本でも採用された。その後、2度改正されたが、いまではすべての選手が8年間（大学や社会人出身選手は7年間）プロ野球に在籍すればどの球団とも契約できる。

そして9年経過すれば、海外移籍のFA権を取得することができる。しかも、1998年には日米野球機構の協定でポスティングシステム（入札制度）が創設され、球団が了承すれば9年待たなくても渡米することができるようになった。これがいま、大リーグの日本人選手急増時代を招いた経緯である。

私は、9年間がまんして世界の高みを目指す海外FAは認めるが、その正規のルールがあるのに、横紙破りのようなポスティングシステムには断固反対してきた。日本の選手が世界最高レベルの大リーグで活躍するのはうれしいが、これでは日本の野球の将来を担う人材がいなくなってしまうからだ。

原則は1年更新だ

日本野球の将来を憂えるとき、私が主催した1988（昭和63）年の「日米ベースボールサミット」を思い出す。日米野球の親睦と日本の野球技術の向上を目指して開催したものだが、特別講師に招いた大リーグの球団幹部たちから聞かされたのは「日本は大リーグのような高額な複数年契約だけは真似しないほうがいいよ」という忠告だった。

この忠告が36年後に象徴的な現実となったのが、10年総額1015億円の大谷と12年総額471億円の山本のドジャース移籍だった。

私はこの耳を疑うようなビッグニュースに驚き、連載しているコラムに書いた。

10年以上もの複数年契約はおかしい。それだけの期間、野球選手がピークの状態を保つのは不可能だ。いつも私が言うように、人間は年齢とともに衰える。大谷は29歳、山本は25歳。2人とも契約年数の半分ももたないと思う。

（中略）

アメリカの専門家はルールを自分たちの都合のいいように変えていく可能性がある。現に大谷の契約内容は、オーナーか編成本部長のどちらかが現職を退いた場合、途中で大谷側から契約を破棄できるオプトアウトが盛り込まれているという。そんな契約は契約と言えるだろうか。

アメリカは民主主義の国である。多民族国家だけに、平等でなければクレームが出る。戦う前から、このチームが勝つだろうと見透かされるような選手補強もしてこなかった。開幕の時点で横一線でなければ観客が来ないからだ。今回の2件の契約は、そうした戦力均衡の精神が崩れたことを意味している。

（「廣岡達朗コラム『大谷翔平、山本由伸…10年以上もの複数年契約はおかしい』」週刊ベースボールONLINE、２０２３年12月29日 https://column.sp.baseball.findfriends.jp/?pid=column_detail&id=101-20231229-10）

私はかねがね、勝負の世界であるプロ野球は1年契約が原則で、基本契約以上の活躍をしたらいくらでもボーナスを上乗せする出来高払いにすればいいと思っていた。だから先述の「日米ベースボールサミット」の大リーグ幹部が言うように、複数年契約には反対だ。

契約途中で故障したらどうなるのか

では大谷や山本が契約期間内にケガや病気で野球ができなくなったり、成績不振で引退や解雇になったら契約ずみの年俸はどうなるのか。

私はこの疑問について、在米の後輩を通じてアメリカ人の大リーグ関係者に調べてもらったところ、次のような回答が届いた。

・大リーグの長期高額契約の原則

①選手は球団に禁止された行為による負傷でプレーができなくなって解雇された場合、その時点以降の契約に定められた年俸等の補償を受けることができないが、それ以外の試合や練習、移動中、日常生活の事故による負傷や病気等で契約に定められたプレーができなくなっても、基本契約が定めた保証を失うことはない。つまり球団に禁止されている行為により病気や事故が発生してプレーができない場合以外では、解雇や減給などの処分を受けることはない。

②オーナーが代わっても新しいオーナーがすべての責任を引き継ぐため、球団の売却や破産で経営者が代わっても当初の基本的な契約が変わっ

たり、選手が解雇や経済的な不利益を被ることはない。

つまり、大谷も山本も長期契約の途中でケガや病気、成績不振で途中解雇や退団になっても契約条件に影響はなく、入団当時の契約通りの年俸を受け取ることができるというのだ。

超高額契約でも試合に出られないトラウト

たとえば2024年5月にも、エンゼルスの主力打者であるマイク・トラウトの契約に関する衝撃的なニュースが流れた。

エンゼルスのマイク・トラウト外野手は、4月30日（日本時間5月1日）に左ひざの半月板損傷のため負傷者リスト（IL）入りした。近年は毎年のように怪我に悩まされ、満足なパフォーマンスを発揮できずにいる。米スポーツ専門メディア「ジ・アスレチック」は他球団へのトレードの可能性はさらに低くなったと指摘。エンゼルス一筋でキャリアを終えそうなトラウトを憂いている。

（中略）

同記事では、トラウトは今回の負傷によって2〜3か月は離脱する見込みだと説明。「仮に8月1日までに復帰し、絶好調で今シーズンを終えたとしても、今オフに残っている6年2億1270万ドル（約325億4000万円）のほとんど、あるいはすべてを負担しようと思うほど彼を信頼する球団があるだろうか？」と、仮に他球団がトレードで獲得した場合、獲得球団にはかなりの負担がかかる事を指摘した。

（「エ軍で終わるトラウトのキャリア　負傷でトレードは〝無理〟か…米嘆き『本当に悲しい』」Full-Count、2024年5月4日

https://full-count.jp/2024/05/04/post1551290/)

つまり現在の大リーグでは、このままトラウトが引退、またはエンゼルスで契約通りの活躍ができなくても、２０２４年オフに残っている「６年約３２５億４０００万円」は満額保証されるわけだ。

そして先述のように、ドジャース入りした大谷や山本も当初の基本契約は、球団に禁止された行為による負傷でプレーができなくなって解雇されない限り、満額保証されることになる。

以上は大リーグの長期複数年契約の現状だが、長年プロ野球の監督やＧＭとして外国人選手を見てきた私には信じがたい。

元ドジャース投手で楽天のＧＭや監督を務めた石井一久がテレビのワイドショーで語ったところによると、「日本のプロ野球の契約書はペーパー数枚だけど、大リーグの契約書は昔の日本の電話帳くらい厚い」という。代理人立ち合いで交わすこの契約書には、遠征中のホテルの部屋から家族の待遇・サービスまで、あらゆる約束事が書かれているという。

だから私は、大谷や山本やトラウトの分厚い契約書にも、出来高払いとともに、不調やケガなどで一定の成績や義務が果たせなかった場合の「できなかった払い」も盛り込まれているのではないかと疑っている。

元通訳・違法賭博事件の謎

ワールドシリーズと世界一を目指してドジャースに移籍した大谷は2024年3月20日、韓国・ソウルで新天地での開幕を迎えた。しかしこの舞台は、とんでもない事件のステージになってしまった。大谷が家族同然に信頼していた専属通訳が、大谷の口座から巨額の現金を引き出し、賭博による借金の返済に充てていたことが発覚したからだ。

大谷は記者会見を開き、「今回の件はソウルでの開幕戦後に初めて知った。僕は彼に送金を依頼したことはないし、許可したこともない。彼が僕の口座から盗んでみんなに嘘をついた」と自分の賭博関与疑惑を全面否定した。

元通訳は以前からギャンブル依存症で、違法ブックメーカー（賭け屋・胴元）に莫大な借金があった。事件発覚当初は、大谷の口座に勝手にアクセスして賭け屋に送金した被害額は450万ドル（約6億8000万円）と見られていた。

しかしその後の米連邦検察の発表によると、大谷の銀行口座からだまし取った金額は1600万ドル（約24億5000万円）に上るとのことだった。

それでもこの事件には、いくつかの謎が残る。

①3月19日、米スポーツ専門局ESPNが韓国滞在中の元通訳に直撃取材すると、賭博の借金を大谷に肩代わりしてもらったことを認めたが、翌日同記者が再確認すると「大谷がギャンブルや借金、返済について何も知らず、賭け屋への送

金もしていない」と前日の発言を撤回したのはなぜか。

②連邦検察の発表によると、大谷が銀行口座を開設した際、元通訳が手続きを手伝い、口座の連絡先を元通訳の電話番号とメールアドレスに変更したという。また2年以上にわたって元通訳は口座から高額の現金を引き下ろしているが、銀行担当者が本人確認を行った際、元通訳が大谷になりすまして英語で応対した。銀行側はたび重なる高額引き落としの際、なぜ一度くらい大谷本人と面談して確認しなかったのか。

③エンゼルスやドジャースの契約の際、代理人や球団が責任をもって大谷の資産・経理管理をしなかったのか。この問題については捜査によると、元通訳が「大谷が資産やカネの管理について他人がタッチするのを嫌がっている」と代弁して、代理人や球団側があっさり引き下がったのもおかしいのではないか。

代理人が大谷に「通訳がこう言っているが、それでいいのか」と口頭確認するだけで犯罪は防止できたはずだ。

カネまみれの大リーグは「他山の石」だ

以上が世界を驚かせた大谷の元通訳巨額賭博詐取事件の大筋だが、この問題は我々の想像の域を超えているから真相はわからない。

しかしケタ外れの大金がなぜ、どこに行ったのか、米連邦検察の捜査が進めば、大谷の周辺だけでなく、拡大を続けるアメリカのスポーツ賭博の真相がわかるにつれていろいろなものが出てくるだろう。

私は日本人選手や大リーグの年俸バブルによるカネの問題には興味も関心もない。だが先述したように、1988年に私が主催した「日米ベースボールサミット」で特別講師に招いた大リーグの幹部たちから聞かされた「日本は大リーグのような高額の複数年契約だけは真似しないほうがいいよ」という話をあらためて思い出す。

当時、「複数年」といえば2年契約が普通だったが、その後、大リーグではスーパースターの2ケタ年契約が常識になった。しかも私が驚いたのは、大谷と山本を長期契約で獲得したドジャースが、2024年の開幕戦が始まった3月28日に捕手のウィル・スミスとも10年契約を更新したことだ。

強打の捕手とも10年再契約したドジャースの怪

スミスはドジャースで4番の経験もある29歳の強打者だ。私が現役の時代、強豪ヤンキースにヨギ・ベラという強打者がいたから、強打の捕手がいても驚かないが、選手を育てる立場の監督経験者としては「これでいいのか」と釈然としない。

これではドジャースは、スミスが40歳になるまでの10年間は控えの捕手やライバルを育てる必要はないということになる。そして第一、次の正捕手を目指している有能な人材が「俺はこのチームではレギュラーになれないんだな」とあきらめて、他チームへの転職を目指すことになる。

そうなればチーム強化に最も必要な、競争による若い選手の育成ができなくなるし、次の捕手の人材がいなくなるではないか。そんなときはトレードで選手層を維持すればいい、というだろうが、どのチームもそんなことをすれば、野球がすべてカネの世界になってしまう。どこもカネの力でチームを維持強化するようになれば、プロ野球は堕落し、やがてすたれるだろう。

カネの力だけでチームを強化したらプロ野球は衰退する

有能な人材を探し求め、汗水たらして育成する気持ちを失ったらチームを維持強化することはできなくなるし、やがてファンの信頼を失い衰退してゆく。これまでの巨人がいい見本ではないか。

「金さえあればなんでもかなえられるし、幸せになれる」と思うのは間違っている。先述の「日米ベースボールサミット」で大リーグの幹部たちが「日本は大リーグの複数年契約の真似だけはするなよ」と忠告してくれてから36年後、象徴的な現実となったのが10年総額1015億円の大谷と、12年総額471億円の山本のドジャース移籍であり、大谷の懐をねらった元通訳の違法賭博詐取事件だった。

幸いにも大谷は被害者で、事件については潔白のようだが、アメリカのスポーツ賭博急拡大と大リーグの複数年契約バブルは、日本も他山の石として肝に銘じたほうがいい。

投手としての限界を示す2度の靭帯損傷

２０２３年8月23日、本拠地・ロサンゼルスで行われたレッズ戦のダブルヘッダー第1試合に２番投手兼ＤＨで出場した大谷（当時エンゼルス）は、１回１／３の26球で降板し、右ヒジの靭帯損傷が発覚した。

共同通信などの報道によると、この日はダブルヘッダーの第1試合で先発したが、直球の最速は約１５２キロ、平均球速は約１５０キロでシーズン最低。

スプリット（フォークボール）やスライダーなどの変化球もすべてシーズンで最も遅かった。なかでも有力な武器のスライダー（スイーパー）の水平方向の曲がり幅は平均20・３センチで、前年平均の40・６センチの半分だったという。

テレビの映像でも、２回途中の最後の投球が大きく左に外れると、自分からベンチに手を挙げて異常を伝え、ネビン監督がマウンドに駆けつけて緊急降板が決まった。

このあと、大谷は第2試合が始まるまでにチームドクターの検査を受けて右ヒジ靱帯損傷が発覚。ミナシアンGMが緊急記者会見を行い、同季は登板しないことが決まった。

その年の大谷は投打ともに好調で、8月9日にはジャイアンツ戦で10勝目を挙げ、大リーグ史上初めて2年連続の「2ケタ勝利・2ケタ本塁打（40号）」を達成していた。

しかし二刀流でベーブ・ルースを超え、ホームラン王とMVPに向かって全力疾走していた大谷も人間だ。2週間にわたる連戦中にはけいれんを繰り返し、連戦最終日のこの日、右ヒジが悲鳴を上げた。

2023年3月のWBCで日本代表として世界一に輝いて以来続けてきた二刀流は、特大ホームランを量産していた6月から異変が始まっていたという。右手中指の爪が割れ、7月からはけいれんによる途中交代が続いた。8月3日のマリナーズ戦では右手中指がつって4回で降板している。途中降板の原因が疲労であることは大谷も認めており、その後、先発登板を一度回避したのも右腕の疲労を理由に大谷が監督に申し出たからだったという（「産経新聞」2023年8月25日ほか）。

ミナシアンGMは記者会見で、「医療面でセカンドオピニオンを求める」と述べたが、再手術については「大谷が代理人と話し合うことになる」と語った。

ヒジの靱帯損傷が再発したとき、ミナシアンGMは再手術については「まだわからない」と言葉を濁したが、興味深いのは26日になって「8月上旬の時点で大谷に患部のMRI検査を打診したものの、本人と代理人のネズ・バレロ氏に拒否された」と語ったことだ。

この発言は現地メディアで「明らかにする必要のないことだった。エンゼルスが悪いのではないことをアピールしたかったのでは」と問題になったが、この秘話は7月から指のけいれんなど疲労による体の異変を感じていた大谷と代理人が、オフのFAを前にMRIなどの精密検査で大きなケガが見つかるのを恐れたのではないかとも考えられる。それが靱帯損傷降板で隠せない事実になった。

大谷はエンゼルスに入団した2018年6月にも右ヒジ靱帯を損傷。翌月に打者で復帰し、シーズン後の10月にトミー・ジョン手術を受けた。今回も内側側副靱帯損傷だが、前回とは違う場所だという。

前回は手術翌年の2019年5月に打者で復帰したが、投手復帰は2020年7月26日。コロナ禍で開幕が延期になったこともあって、693日ぶりのマウンドだった。

理想は落合のセンター返し

私はテレビや新聞で踊る天文学的なカネの話には興味はないが、日本人離れした素材である大谷の二刀流には、彼が日本にいるときからずっと反対してきた。

大谷は2018年、エンゼルスに入団し、6月に右ヒジ靱帯損傷で故障者リスト入りした。9月に88日ぶりにマウンドに復帰したが、3日後に右ヒジに新たな損傷が判明し、シーズン終了後の10月、トミー・ジョン手術を受けた。

この年は7月から打者で復活し、打率・285、22本塁打の成績を残した。

2年近いリハビリを経て二刀流が復活した2021年は9勝2敗、打率・257、46本塁打。2022年も15勝9敗、打率・273、34本塁打で人気・実績とも大リーグを代表するスーパースターになった。

なかでもメジャー6年目の2023年は2年連続2ケタ勝利・3年連続2ケタ本塁打の新記録を達成し、ヒジの靭帯損傷後も打席に立って三冠王も夢ではないバッティングを続けた。

これまで日本人が大リーグで放ったホームランは松井秀喜の31本が最高だったが、大谷は右ヒジ靭帯損傷の再発でマウンドを去った8月23日までにメジャー単独トップの44本を放った。

そして同季の成長を示しているのは、平均飛距離128・5メートル、最高打球速度188・5キロ、打球角度30度以上の特大アーチがセンターを中心に16本飛んでいることだ。右翼は14本、左中間から左の逆方向は7本だった。

私はこれまで何度も「打撃の基本はセンター返し」と書いてきた。この基本を忠実に実行したのが現役時代、3度も三冠王になった落合博満である。私も西武の監督時代、ロッテの主砲・落合には何度も痛い目にあった。

落合の本を読んで感心したのは、「右打ちのオレがライトにホームランを打ったのは、狙って打ったのではない。みんなセンター方向に打つつもりで、たまたま外角に来た球を打ち返したら右方向に入っただけだ」と書いていることだった。

落合のバッティングに対する姿勢と研究の成果は著書を読めばわかる。「ヒットの打ち方」について、「私の絶好調時の打球はピッチャーライナーである」と書いている。

――ピッチャーの真ん前に、痛烈な打球を飛ばすことは、もっとも難しい。――

かなりの技術がいるのである。それができたということは、すべての面で、私の計算通りにボールをたたけたことを意味している。

（中略）

ピッチャー返しと比べたら、サードゴロを打つことは簡単。どんな球種のボールでも、１００パーセント近い確率で、私は打つ自信がある。

（落合博満『勝負の方程式』小学館）


つまり打撃の天才・落合の基本はセンター返しであり、大谷のホームランが遠くに飛ぶだけでなくセンター方面が多くなったということは、それだけ成長し、打撃の基本に合っているということだ。

それでも二刀流は間違っている

それでも私は著書やコラムで「二刀流反対論」を繰り返している。

たとえば2022年の著書でも、「それでも大谷翔平の二刀流に反対する」と書いた。

たしかに（ベーブ・）ルースは、1915年にレッドソックスの先発投手として18勝8敗の好成績を残し、ア・リーグ優勝に貢献した。また打者としても1918年は13勝7敗の一方で11本塁打を放って、初めて本塁打王のタイトルを獲得している。

だがこの年以降は登板機会が減り、外野手として出場することが多くなった。

ルースが大リーグの第一線で二刀流として活躍したのは4年間で、その後、打者転向を決断したことが伝説のホームラン王誕生につながったのだ。

（中略）

マスコミが「二刀流でベーブ・ルースに並んだ」とはしゃぐのは逆で、4年間で投手生活に見切りをつけ、バット一本に野球人生をかけたルースの選択こそ正しかったのだ。

大谷もルースと二刀流の記録を競うより、投打のどちらが天職かを見極めて専念したほうがいい。

『巨人が勝てない7つの理由』（幻冬舎）

すでに書いたように、私は日本ハム時代から逸材・大谷の二刀流には反対してきた。本業の投手にとって負担とリスクが大きすぎるからだ。

いつも言うように、大リーグは最大20連戦もの過酷なスケジュールを、時差3時間の広大な大陸をナイター終了後の夜間飛行で飛び回りながらこなしている。

そんななかで先発投手を5人用意し、同じローテーションで回す。そして投手は、登板日の翌日から次の先発までの間に体力の回復をはかり、技術の修正や課題の練習に取り組んで、さらなる進化を目指すのだ。

ところがこの大事なインターバルに、ストレスや疲労がたまるDHとして毎日出場したらどうなるか。投手としての心身の調整や練習が犠牲になるだけでなく、打ったり走ったりする野手としてのリスクも待ち構えている。

日本より厳しいアメリカのメディアもほめあげるように、大谷は体が大きいうえに投げて打って足も速い。だが人間の体と能力は歳とともに衰えて無理がきかなくなる。

DHをやめて野手に専念せよ

ましてや過去にも利き腕に大きな手術をし、屈筋回内筋群などの損傷、左ひざの手術など大小のケガが続いている。そして右ヒジ靱帯損傷後の2023年9月、オリオールズ戦でも試合前に屋外でのフリー打撃の途中で右脇腹を痛め、「2番・DH」の出場予定だった試合を欠場した。

この日、大谷の代理人は「右ヒジの靱帯は断裂していない。手術するかどうかは複数のセカンドオピニオンを受けて検討中だが、来季はどこかのチームでDHとしてプレーする」と語ったが、当時私は「このあともし2度目のトミー・ジョン手術を受けるようなことになれば、いくら大谷でも投手生命、つまり二刀流ができるのはあと3年くらいだろう」と語り、コラムにも書いた。

その悪夢は同年9月20日に現実のものとなった。大谷と球団が「右ヒジの手術を行い、成功した」と公表したのだ。

報道によると、手術したのは前回2018年にトミー・ジョン手術をしたニール・エラトロッシュ医師。大谷の代理人・バレロ氏は「ヒジが長持ちするよう生体組織を移植した」と言っており、人工靱帯で補強した「ハイブリッド方式」ではないかと見られている。断裂した靱帯は前回とは別の場所で、トミー・ジョン手術とは違う術式だという。

前回とは違う場所で術式が違うというが、ヒジ関節を挟んで前回は上、今回は下で、同じヒジの再手術には違いあるまい。担当医は「2024年シーズンは開幕から打者で出場し、2025年は両方（投打）の準備が整う」と見ているが、同じヒジの再手術は前回以上にリスクが高く、これまでのような球威が復活する保証はない。

私はこの際、投打どちらにしろ、一方に絞って再起を目指したほうがベターだと思う。

2024年、夢のリーグ優勝とワールドシリーズを目指してドジャースに移籍した大谷は打者に専念し、打って、走った。1番・指名打者として54本塁打、130打点、打率・310、そして盗塁も59。打率はパドレス・アラエスの・314に及ばず2位に終わり、4厘差で初の三冠王を逃したが、ナショナル・リーグの二冠王で59盗塁は立派なものだ。

繰り返しになるが、大谷のバッティングで一番優れているのは、引っ張るだけでなくセンターにもレフトにも球に逆らわず打てることだ。

2024年のホームランの打球方向はライトが最も多く、27本（50％）。次いでセンター方向が21本（39％）で、レフト方向も6本（11％）あった。センター方向のホームランがライト方向と同じくらい多いのだ。

この打球方向からも落合の打法に通じるものを感じるが、三冠王に手がかかりそうな大谷を見ると、もう投打の二刀流を続ける必要はないのではないか。

また、今シーズンの成績は、ヒジの手術によって打撃に専念できた結果ともいえる。そして私が物足りないのは、三冠王にあと一歩の大谷が「1番・指名打者」ということだ。2025年はマウンド復帰を目指すというが、中途半端な登板で天性の打撃センスを邪魔するより、あの足を生かして野手としてフル出場してほしい。そうすれば日本人初の三冠王も夢ではない。

チームになくてはならない選手になれ

大谷がメジャーで活躍してくれるのはいいが、できることならいまの状態で日本球界に戻って「日本の野球はこういうところがいいぞ」と言ってくれるとありがたいと思っている。大谷のやっていることは間違いないのだから、日本人として前を向いて、そういう行動をしてくれたら勲章ものだ。大谷にはそれを期待している。

これまでにも野茂英雄やイチロー、松井秀喜など多くの日本人が活躍したが、莫大なカネを稼いで引退しても、いろんな肩書きでアメリカに残っている。私にはそれが残念でならない。

それでも大谷の2度のMVPは立派なものだ。だが思うのは、我々が1961（昭和36）年にドジャースのベロビーチ・キャンプで練習試合をした大リーグのチームのほうがプライドを持っていた。そして王や長嶋が現役だったころのほうが、いまの大谷より野球を勉強していたと思う。

その大谷を、「素材がいい。すべてがいい」といって担当記者が2度もMVPに選出したということは、大リーグ、アメリカ野球も質が落ちたなと思う。

アメリカには、大谷のような素質のある選手はいくらでもいる。それが大谷のように結果を出せないのがアメリカだ。だからアメリカがすべてではない。アメリカは勉強不足なのだ。そして大谷ももっともっと勉強して、チームが「大谷がいないと成り立たない」というくらいの存在になったらうれしい。

第4章
マイナーリーグに成り下がった日本野球

不可解なエース・佐々木朗希

２０２３年7月24日、パ・リーグ2位で首位・オリックスを追っていたロッテのエース・佐々木朗希投手がソフトバンク戦のマウンドで突然、左脇腹の肉離れを起こし、登録を抹消された。この試合に先発した佐々木は1失点で迎えた６回、90球目を投げた際に左脇を痛め、「左内腹斜筋損傷」と診断された。

吉井理人監督によると全治2か月。高卒でプロ４年目の佐々木はそれまで13試合に登板して7勝2敗、防御率１・４８で１３０奪三振。勝ちが計算できる先発の柱だっただけに、18年ぶりのリーグ優勝を目指す吉井ロッテにとっては、チームの大黒柱が倒れたような衝撃だった。

最速１６５キロの剛腕は前年4月、史上16人目の完全試合を最年少20歳5か月で達成し、２０２３年3月のワールド・ベースボール・クラシック（ＷＢＣ）でも日本の優勝に貢献した。

192センチの長身から投げ下ろす速球と低めに落とすフォークボールで同季も13試合で130の三振を奪い、四死球18が示すようにコントロールも安定している。

だがプロ2年目の2021年に一軍のマウンドに上がってからは完投がなく、2023年も5月5日のソフトバンク戦で右手中指のマメで降板し、次の登板までに中22日かかるなど、ひ弱な一面ものぞかせた。

たしかに球は速いことは速いものの、気になるのはフォークボールを投げすぎることだ。あんなに速い球があるのだから、私の西武監督時代の東尾修のように、打者の胸元に放って引かせてから、アウトコースに速い球をピッと決めれば楽なピッチングができるのに。

いまの選手はやるべきことをやらずに、楽をして成功したいという人間が多いのではないか。そして、やるべきこととは何かがわかっている指導者がいないから、選手に教えられないのだ。

だから佐々木も、2023年オフの契約更改交渉では代理人の弁護士を通じてポスティング制度を使って大リーグ移籍を強く迫った。早ければ2024年オフのメジャー移籍が実現するだろうが、アメリカでは先発投手は中4日で回すのだから、いまの佐々木はそれに耐えられないだろう。

後述するが、自分だけ「登板間隔は6日いただきます」なんて、そんなことできるわけがない。いまの佐々木はあそこが痛い、ここが痛いと言っているが、それを叱る監督がいないのだ。

2024年も相次ぐ戦線離脱

私が現役時代から師事していた思想家の中村天風さんがよく言っていた。「警察とかそういうものが多くなればなるほど、事件やケガ人が出る」と。

簡単にいえば、人間はやるべきことをやらないからこんなことになるのだ。警察が増えれば泥棒が増えるし、病院が増えれば患者が増える。

天風さんは若いころ、高名な医者に「君は結核で40歳で死ぬ」と言われてから海外で勉強し、名医を訪ねて回った末にインドのヨガ哲学者・カリアッパ師と知り合って修行を積み、帰国後92歳まで長生きした。

生きるには何をすべきかをカリアッパ師に教わり、「気の持ち方ひとつで人間は変わり、人生も変わる」というヨガ哲学の真理に従うことで丈夫になって92歳まで生きたのだ。人間は自然治癒力という生きる力を持っているのだ。

佐々木は入団4年目の2023年も指のマメで長いこと休んだが、翌2024年も不思議な病状で長期休暇を取った。

まず5月28日に上半身の疲労回復遅れのため、今季初めての出場選手登録を抹消。6月8日に再登録され、同日の広島戦に中14日で先発し、6回3安打1失点(自責点0)、9奪三振で5勝目を挙げた。

ところが6月13日にはまた登録抹消。球団は「右の上肢のコンディショニング不良。登板後のコンディショニング確認の中で、上肢の状態が万全ではないことを受けての総合判断」と説明した。

しかもこれを受けて吉井監督は「前回も2週間空けて試合で投げて、また同じような状態だったらしいんだけど、今回は中6日ではまたきついということだった」と説明したが、これはいったいどういうことか。私も現役選手からコーチ・監督まで長いプロ野球人生を生きてきたが、こんなエースは見たことがない。

不可解な体調不良はこれで終わらない。監督を困惑させた佐々木はなんと、その後も1か月半戦列を離れ、8月1日の西武戦でやっとマウンドに戻ってきた。54日ぶりのこの日は5回1失点で6勝目（2敗）を挙げたが、72球で3奪三振は本来の投球ではなく、同8日のソフトバンク戦では5回9安打、失点・自責点3で3敗目を喫した。

この日も最速161キロを記録したが、ソフトバンク打線にこの直球をねらい打たれ、9三振を奪うために佐々木はフォークボールを多投した。

この日の球種はフォークが30％。力任せの速球とフォーク、スライダーを投げるために、投手に一番大事な体の軸がリリースのあと一塁側に傾き、最大の武器である速球は力とバックスピン（回転数）がかからなかったのだろう。

私が監督なら、まず彼がどういう生活をしているかチェックする。その結果、体質的にちょっとやらせたらケガをする選手だったら、もういらない。プロとしてほかの選手の邪魔になるからだ。ほかの選手は一生懸命練習して短い間隔で登板しているのに、佐々木だけ特別待遇したら不公平ではないか。そんな選手はチームにとって必要ない。

吉井監督は過保護すぎないか

佐々木は長身で、あれだけ速い球を放れるのに、フォークばかり放っているのはもったいない。

私に言わせれば、吉井監督は投手出身なのに本当の指導を知らない、していない。佐々木はどんな練習をしているのか。本気でしっかり練習していたら、試合ではなく練習のときに指や腕が痛くなるはずだ。どんなキャンプを送ったのかも、見ていないのでわからないが「朗希さまさま」で大事にやらせたのではないか。問題は、キャンプでやるべきことをちゃんとやったうえでおかしくなっているのかどうかだ。

佐々木のやるべきこととは何か。一言でいえば、あんなにフォークボールを投げる必要はないということだ。あれだけ速い球を持っているのだから、アウトコースに速い球をピュッピュッと投げて、打者が前傾でかぶさってきたら、私の西武監督時代の東尾のように、胸元にびっくりするような球を投げて起こしてから、外角に速い球を投げたら楽なピッチングができるはずだ。

ロッテでは2023年に新型コロナで主力選手の大量発熱があったが、こんなことが起こるのは、フロントがチームの健康管理に気をつけず、監督や選手たちに厳重注意をしないことも一因ではないか。

私が広島のコーチのとき、「必勝法70か条」という冊子を手に入れた。ドジャースの戦術書だが、この本の第1条に「常にベストコンディションを保て」と書いてある。

ベストコンディションを保つにはどうしたらいいか。わかる人がいるだろうか。

“how to say”ができる人はいるが、“how to do”を言える人がいるか。病気のときも、「あなたは生活習慣が悪いから病気になった。病気にならないためにはこういう生活をしなさい」といえる医者がいるか。

「暴飲暴食を避けなさい」「酒はやめなさい」程度のことは言うだろうが、もっと丁寧に生活習慣の改善法を指導する先生がいるか。患者の顔もろくに見ないで、パソコンのカルテを見ながら薬だけ出す医者が多いだろう。

いま、「糖尿病の患者が増えて薬が足りない」とニュースになっているが、医者が日ごろから親身になって生活習慣を指導しないから、患者はおいしいものを好きなだけ食べ、酒をたくさん飲んで糖尿病が増えて薬が足りなくなる。世の中が緩んで贅沢病が蔓延《まんえん》しているのだ。

いまの佐々木は大リーグで通用しない

新聞によれば、佐々木は2023年末の契約更改後の記者会見で2024年オフのメジャー挑戦について聞かれ、「将来的にメジャーリーグでプレーしたいという思いはありますけど、まずはしっかり目の前のシーズンをプレーすることが大事かなとは思っています」と語った。

ところが日本で最後になるかもしれない2024年シーズンも、右上肢のコンディション不良などで2度も戦列を離脱してチームやファンを失望させた。開幕の4月は4試合に先発登板して3勝（1敗）したが、5月・6月は各1勝、8月・9月は各2勝どまりで、防御率も8月が2・96、9月は3・50と、大リーグを目指すエースの投球とはいえなかった。

そんな大黒柱がやっとスポーツ新聞の1面を飾ったのは10月2日。前夜、4位でAクラスに迫る楽天を1失点10奪三振でかわし、やっとロッテの2年連続CS進出を決めた。

佐々木にとってはプロ生活5年目にして初めての10勝で、オリックス戦で完全試合を達成した2022年4月以来2年ぶりの完投勝利だから、驚くよりあきれてしまう。

10月になってやっと帰ってきたエースを、吉井監督は「いままでは65%の朗希だったが、今日は90%だった」と称賛したというから、新聞も監督ものんきなものだ。私に言わせれば、ファンに最後までBクラス転落を心配させたロッテも、ひ弱なエースがしっかりしていれば楽に2位にはなれただろう。

そんな佐々木を見るにつけ、私は巨人で一緒にプレーをした堀内恒夫を思い出す。甲府の高校から出てきた右腕は身長178センチ・体重73キロの華奢な体で

1年目から33試合に登板し、開幕13連勝を含む16勝（2敗）を挙げた。

その後も1978年までの13年間2ケタ勝利を続け、通算18年間で203勝の記録を残した。

しかも彼は、いまだにフォークボールやスライダーを多投する佐々木と違って、伸びのある速球と大きなドロップ（落ちるカーブ）しか投げなかった。

佐々木がCSでどんな投球を見せるか、大リーグのアジア担当スカウトも見守ったが、先日来日した旧知のフロント幹部が私に「佐々木はどうですかね」と意見を求めたので、「ダメダメ。いまだに1シーズン元気に投げられないのだから、10日も20日も連戦があるアメリカで、中4日のローテーションは守れないね」と答えておいた。

20勝投手がいなくなった日本球界

昔の話になるが、私が巨人のショートのころ、後輩に安原達佳という投手がいた。

岡山県立倉敷工業出身で、2年目の1955年には先発の一角として12勝8敗の活躍で防御率1・74。翌年はエース・別所毅彦の27勝に次ぐ15勝7敗でリーグ連覇に貢献した。

身長179センチで、スナップを利かせた速球には力があり、指先が風を切るようなピシッという音がベンチまで聞こえた。カーブ、シュートもキレがあって、若手の有望株として頭角を現したが、その安原が2年連続で2ケタ勝利を挙げたオフの契約更改で「私の言い分も聞いてください」と粘ったら、応対した球団代表に「お前、何様だ。文句があるなら20勝を続けるようになってから言え！」と一喝された。

昔のプロ野球はそれほど厳しかったが、いまは2013年の田中将大（楽天）の24勝を最後に20勝投手が出ていない。2023年に3年連続で投手の主要タイトル4冠を独占し、年末に大谷に続いて12年契約471億円でオリックスからドジャースに移籍した山本由伸でさえ、2021年の18勝がキャリアハイ。最近のエース級も2ケタ10勝ラインを超えれば大喜びしている。情けない。

大リーグで中4日のローテを守れるのか

そこで次の大物・佐々木だが、5年目にもなって、1年間満足に投げ切ったことがないのに、ポスティングでアメリカに行きたいと契約交渉期限ギリギリまで粘るなんて間違っている。2023年も先発の柱だった佐々木がケガや体調不良で長期間休まなかったら、ロッテはもっと楽にCSに進出し、展開によってはパ・リーグ優勝と日本一の可能性もあったかもしれない。

いつも言うように、23歳の若さでこんなにケガや体調不良が多く体力のない投手はメジャーでは通用しないし、ポスティングで行っても、すぐ壊れて帰ってくるだろう。

たしかに192センチの長身で160キロ超のスピードと鋭いフォークボールを投げる素材は優れているが、中南米から身体能力の高い若い選手が集まるアメリカのマイナーリーグには160キロ級のスピードの投手はいっぱいいる。ただ彼らはコントロールが悪く、変化球の精度が低いので、なかなかメジャーに上がれないのだ。

それに第一、大リーグでは1週間や10日に一度しか投げられず、長期連戦が続く過酷な遠征に耐えて1年間投げ切ることができない投手は使われない。

それでは多国籍集団のチームの中で、平等ではないからだ。その平等の意味が日本人はわかっていない。

それはどういう意味かというと、大リーグでは5人か6人で先発投手のメンバーを組み、原則中4日でシーズンを乗り切ることになっている。そんな社会で、日本から来た投手だけ中1週間や10日の休養をとってベストコンディションで投げさせたら、ほかのローテーション投手にコンディショニングの負担をかけ、結果として成績や年俸査定が不公平になるからだ。そんな世界に、毎年のようにケガや体調不良で長期休暇を取るいまの佐々木が飛び込んで通用するはずがない。

アメリカは日本よりいいところだという保証はない。多民族社会だから、いろいろな問題があって、それらを解決するために法律がすべてに優先するのだ。その厳しい現実を、これまでアメリカに行った日本人選手たちが後輩や野球界に伝えないから、誤解や間違いが起きるのだ。

大谷人気でアメリカ人はみんな日本人選手にやさしいと思うだろうが、力のない選手がひとりで移籍したら誰も応援をしてくれないのが現実だ。

年俸バブルで自分の力を過信するな

イチロー（マリナーズ）に始まって松坂大輔（レッドソックス）、ダルビッシュ有（レンジャーズ）、田中将大（ヤンキース）、前田健太（ドジャース）、大谷（エンゼルス）に続き、2021年には鈴木誠也（カブス）、2022年には吉田正尚（レッドソックス）、そして2023年には山本（ドジャース）と今永昇太（カブス）が海を渡った。

これで2000年以降、ポスティングシステムで日本球界から大リーグに移籍した選手は計9人。このあとを追うように、2023年末には楽天の左腕・松井裕樹も海外FA権を使って5年総額39億2000万円でパドレスに入団した。

あらためて言うまでもなく、いずれも日本プロ野球でそうそうたる実績を残している看板選手だが、最近の移籍にあたって、大リーグのFAやトレードの天文学的年俸バブルは異常としか言いようがない。そしてこのバブルは、日本を脱出する選手たちの契約条件にそのまま反映されている。

たしかにDeNAの左腕・今永は最近力をつけて成長している実力者で、前年は7勝4敗の防御率2・80で最多奪三振のタイトルもとった。しかし日本での最終年俸は1億4000万円。それがカブスでは4年総額78億4000万円、年俸19億6000万円だという。

また、高卒11年目で29歳の松井は、楽天で年俸2億5000万円だったのが、海外FAでパドレス入りして7億8000万円になった。

そして最後に驚いたのは、2024年2月、メジャーリーグ公式サイトが伝えた藤浪晋太郎投手のメッツ入団のニュースだった。

AP通信によると、オリオールズからFAになっていた藤浪の契約は年俸335万ドル（約5億円）の1年契約で、登板数に応じて最大85万ドルの出来高がつき、35試合で10万ドル、40、55、60試合に達したら25万ドルずつ上積みされるという。

藤浪は2023年、阪神からポスティングシステムでアスレチックスに移籍し、160キロ超の速球で先発として開幕を迎えたが、阪神時代から課題だった制球難で不振が続き、7月にはオリオールズにトレードされた。

両チームで計64試合に登板したが、7勝8敗、防御率7・18だった。阪神で4900万円の投手が、なぜ年俸5億円で評価されるのか。

案の定、藤浪は2024年7月、メジャーやマイナーチーム4球団を渡り歩いた末に戦力外になった。日本一の速球に魅了された大リーグも、あまりの制球難に愛想をつかせたのだ。

日本はメジャーを支えるマイナーリーグになった

選手の立場になれば、アメリカはおいしい職場である。私も生涯プロ野球一筋で、サラリーマンの経験はない。現役時代の短いプロ野球選手が引退後の長い余生を考えれば、少しでもいい条件の球団に移りたいのはよくわかる。

マスコミでは「いまよりもっと成長させてくれる舞台」とか、「世界一の野球に挑戦してみたい」とかいう選手の夢や希望の言葉があふれている。しかし、こんなきれいごとだけが大リーグを目指す動機だろうか。その本音に、大リーグの球団が提示する日本とはケタ外れの複数年・高額条件の魅力がないとはいえないだろう。

まして「10年総額1015億円」のほとんどが「10年契約終了後の後払い」という大谷とドジャースの仰天契約が象徴するプロ野球の日米格差が、引退後の野球年金もない日本人選手の夢をかき立てていないはずがない。

だが、ドルで頬をひっぱたかれて人気選手を次々に引き抜かれる日本の野球はどうなるのか。たしかにカネは大事だが、取引は選手も日本の野球界も、どちらも平等で幸せにならなければおかしいだろう。

選手のためにはいい条件でも、常に日本野球の将来を考えてきた私の立場から言えば、毎年日本の優秀な選手がポスティングでメジャーに引き抜かれる現状にはがまんができない。いまに始まったことではないが、これでは日本のプロ野球はどうなるのか。球界を代表するような優秀な選手が毎年、高額の条件で渡米するようでは、日本のプロ野球はアメリカのマイナーリーグ、3Aになってしまうだろう。

いや、もうすでにそうなっている。

コミッショナーは球界の未来を守る戦略を示せ

日本人選手が大リーグで活躍するのはうれしいことだが、最近のように日本からポスティングで渡米した選手が、投手も野手もすぐに活躍しているのを見ると、戦後巨人の一員として毎年のように大リーグの選抜チームと対戦し、ケタ違いの力の差を見せつけられた私には、日本野球の進化とともに、大リーグの地盤沈下を感じずにはいられない。先述の藤浪のケースを見れば、私の偏見ともいえないだろう。

こうしたいびつな日米野球関係を見るにつけ、日本の球団フロントとそれを統括するコミッショナーは何をしているのかと思う。グローバル化のなか、「若い選手の大リーグ志向」に寛大で、背中を押すだけでいいのだろうか。

これでは日本のプロ野球創立者で巨人の初代オーナー・正力松太郎さんの「大リーグに追いつき、追い越せ」の悲願は永久に実現することができないだろう。日本野球のアイデンティティと将来のために、コミッショナーは先頭に立って日米共存共栄の対策と戦略を示すべきだ。

あらためて言う。大谷、山本のドジャース入りを頂点として、日本野球の戦力が続々と流出するいまほど腹立たしいことはない。

年俸契約を抜本的に改革せよ

大リーグの年俸バブルは論外だが、コミッショナー事務局や球団にアメリカのような経済力がない日本も、いつの間にかアメリカの真似をしてマネー競争がエスカレートしている。

日本プロ野球選手会が発表した2024年度の年俸調査結果によると、開幕時の支配下公示選手716人の平均年俸は前期に比べて245万円増の4713万円で、現行の調査方法になった1988年以降、最高額になったという。

球団別ではソフトバンクが6806万円と2年ぶりに1位に返り咲き、2位が巨人の6243万円だった。最下位は日本ハムの3483万円で、リーグ別ではセ・リーグが4923万円、パ・リーグは4498万円。全体の中央値は1800万円で、球団別の中央値ではロッテと巨人の2300万円がトップだった。

他人の財布をのぞく趣味はないが、ソフトバンクがトップになった大きな理由として、内野手の山川穂高が西武からFA移籍して平均年俸を押し上げたことは、ファンならだれでも知っているだろう。

山川は2023年5月に強制性交等の疑いで書類送検されたことで西武から無期限の公式試合出場停止処分を受け、同季の出場は17試合で止まっていた。西武での通算10年間で218本塁打を放った大砲を、右の長距離打者が欲しいソフトバンクが4年契約12億円プラス出来高払いの総額20億円で獲得した。その人的補償として、甲斐野央投手が西武に移籍している。

ソフトバンクはその前年、日本ハムからFAで外野手の近藤健介を獲得したが、報道によると契約は7年総額50億円だという。そして近藤は2023年シーズンの打点王とホームラン王の二冠を獲得、2024年も首位打者のタイトルを手にしている。

ソフトバンクが球団別平均年俸で1位に返り咲いたのは、2年続けての大型補強が底上げしたからだろう。そして2024年はダントツの独走で4年ぶりのリーグ優勝に輝いた。

ちなみに私が西武の監督として2度日本一になり、3度目のリーグ優勝を飾った1985（昭和60）年の最高年俸は3000万円だった。

39年前の話で、当時私は53歳。当時の大卒サラリーマンの初任給は月額13万5

000円で、2024年でも20万1800円（賃金構造基本統計）だから3000万円は大金だし、その後の物価指数や実体的な貨幣価値の変化を見ると単純には比較できないが、いまのように契約時にどんぶり勘定で大金を渡すのは間違っている。

私も巨人で13年間ショートを守り、ヤクルトと西武で計8年間監督を務めたので、選手の気持ちや事情はよくわかる。だから球団に「カネを出すな」というわけではない。日本にふさわしい契約の改革をしたほうがよいのではないか、といっているのだ。

複数年契約なら「基本給＋完全出来高払い」で

先述したように、プロ野球の契約は1年が原則だと思う。どうしても実力のある選手と複数年契約をしたいなら、1年目はたとえば全選手の平均年俸などを基本給として契約し、「これこれ以上の成績を挙げたら何億円でも出す。その代わり、これ以上の仕事をしなかったら最低保証しか出さないよ」というインセンティブを利用すればいい。

インセンティブは目標の行動をうながす「刺激」や「動機」を意味する経済用語で、選手の意欲的な行動を引き出し、モチベーションを向上させる効果がある。本当の意味での出来高払いにすれば、選手は一生懸命やるし、結果として力のある選手は何億円でも稼ぐことができる。

それをアメリカの年俸バブルの真似をして複数年契約で保証するから、ベテランなど実績のある選手が手を抜いて「給料泥棒」と言われるようになるのだ。

こんなことを言うと、「現行の契約でも活躍すれば翌年の年俸がボーナスになるから同じではないか」という意見があるだろうが、それはプロとしての覚悟が違う。

たとえば引退間際のベテラン選手は、最後のシーズンを迎えても前年の高給が担保になるし、球団も実績のある選手の力が落ちても、それまでの貢献度を考慮して大幅減俸はしにくいという温情が働く。

逆に先述のような厳しい出来高払いなら、複数年契約にあぐらをかくことはできないから、結果として選手生命を限界まで延ばすことになる。

この出来高払い契約は、大谷ブームのいま、急に思いついたことではない。

メジャー帰りの選手を甘やかすな

ひとつ例を挙げるなら、2015年、メッツから9年ぶりに日本球界に復帰し、推定年俸4億円の3年契約でソフトバンクと契約した松坂大輔投手だ。

横浜高校のエースとして甲子園で活躍した松坂は、西武で8年間に108勝を挙げて「平成の怪物」と呼ばれたあと、2006年秋にポスティングシステムでボストン・レッドソックスに6年契約総額5200万ドル（約60億円）で移籍した。

その後、松坂は8年間のメジャー生活で肩を痛め、56勝しか挙げられなかったが、9年ぶりに日本に復帰した手負いの怪物をソフトバンクは年俸4億円の3年契約で迎え入れた。この時点での松坂の日米推定総年俸は80億円を超えるという報道もある。

問題はその松坂が、その後ソフトバンクで1年、中日で2年、西武で1年の計4年間で6勝しかしていないことだ。ちなみに松坂の通算勝利数は日本で114、大リーグで56の計170勝だが、私が驚いたのはソフトバンクが松坂入団の翌2016年、大リーグ・カブスでの2年間で5勝5敗の元エース・和田毅を3年契約＋出来高払いで復帰させたことだ。

和田は復帰後いきなり15勝したが、その後は故障で1ケタ勝利が続き、一時はマウンドに立てないこともあった。

アメリカ帰りの有力選手は数えきれないほどいるが、私が同じように「間違っている」と思うのは、FA移籍選手たちの複数年契約だ。

有力なFAの複数年選手を集めて戦力補強する流行を作ったのは巨人で、その第1号が1993年末の落合だった。報道によると、三冠王3度の落合は複数球団と競合の末、年俸約4億円の2年契約で中日から移籍した。

その後、2019年のFA市場の目玉だった広島の丸が5年契約総額25億5000万円で巨人に移籍するまで、FAで巨人に移籍した選手は26人（2023年末時点では28人）。そのほとんどが複数年契約だった。

巨人が獲得した複数年契約選手の中には、大半を二軍で過ごし、契約に見合う活躍をしないまま退団した者も多い。たとえば2016年末に日本ハムから5年総額15億円で移籍した陽岱鋼《ようだいかん》は5年目の2021年、7試合に出場しただけで退団した。その後、アメリカの独立リーグでプレーしたが、2024年にNPB（日本野球機構）のイースタン・リーグに新規参入したオイシックス新潟に入団した。

すでに述べたように、2024年シーズンのソフトバンクが近藤、山川の連続FA効果によってパ・リーグを独走したからといって、複数年契約が正当化できるわけではない。

何度でも言う。クライマックスシリーズはやめろ

両リーグ計6地区30チームに肥大した大リーグには、地区優勝3チームと敗者復活のワイルドカードの3チーム、計6チームで各リーグの優勝を決めなければならない制度上の事情がある。

つまり各地区の1位チームが同じ条件で過酷なポストシーズンを戦ってワールドシリーズを目指すのだから、下剋上の単純な逆転優勝はない。

これに対し、日本のCSは2007年に始まった。リーグ2位と3位がまず3試合のファーストステージを行い、2勝先勝のチームがリーグ1位と4勝先勝の

ファイナルステージを戦う日本のCSは、大リーグのポストシーズンとは意味も中身も違う。

第一、2リーグ・各6チームしかない日本で、上位3チームが短期間の「敗者復活戦」を行ってどうするのか。私がいつも言うように、どんな制度にも理由はあるが、完全はない。日米どちらも、ペナントレースが終わったあとでポストシーズンがあればファンは楽しみが増えて喜ぶし、MLBやNPB、球団には入場料のほかにテレビなどの放送権料とグッズなどの事業収入が入る。

しかし、テレビの放送権料にしてもグッズや広告などの事業収入にしても、日本を中心に莫大な世界市場を持つ大リーグと、短期間の限られた放送権料と入場料収入しかない日本での経済効果は比較にならない。

ペナントレースの重みはどこへ

CSといえば、日本でもペナントレースで2位・3位のチームがポストシーズンを勝ち上がって日本一になった例が4回ある。なかでも2010年、西村徳文監督のロッテはパ・リーグ3位からCSのファーストステージで2位・西武に連勝し、ファイナルステージではソフトバンクを1勝3敗から3連勝で逆転してCSを突破。日本シリーズでも中日を4勝2敗1分で破って「史上最大の下剋上」を達成した。

一方のペナントレースでは、史上初の最終戦同率首位対決があった。

1994年10月8日、ナゴヤ球場で行われた中日－巨人の優勝決定戦は、長嶋監督が率いる巨人が3時間14分の激闘の末、6－3で高木守道監督の中日を撃破して「10・8決戦」として球史に残った。このあと長嶋巨人は日本シリーズで森祇晶監督の西武を4勝2敗で破り日本一を飾っている。

以上の試合はどちらも名勝負として野球ファンの記憶に残っているが、私が言いたいのは、どちらの勝利がリーグの代表で日本一にふさわしいのか、ということだ。

ロッテファンは当然「下剋上の大逆転」というだろうが、巨人は1勝の差でリーグ優勝を勝ち取り、日本シリーズに進出した。「1勝は1勝」という言葉があるが、巨人のペナントレース最終戦の1勝には長いシーズンを積み重ねた重みがある。

2024年も、4年ぶりにリーグ優勝した巨人がCSで3位のDeNAに敗れたが、私は日本シリーズの出場権があるのは、ペナントレースを勝ち抜いたチームだと思っている。短期決戦の敗者復活制度の勝者は、リーグ代表とは認めない。

だから勝負の真理を無視したCSはやめるべきだと思っているが、この問題は前述の契約問題とともに、コミッショナーが日本野球の将来のために、オーナー会議を説得して改革に取り組んでもらいたい。

コミッショナーに改革の権限を与えよ

しかし最後に問題なのは、コミッショナーがプロ野球の将来のためにどんなに改革を目指しても、各球団の利益を優先するオーナー会議という大きな壁があることだ。

そもそもコミッショナーの任期は2年だが再任は無制限で、本人が辞めると言わない限り、任期中に正当な理由なく解任されることはない。

以前の「日本プロフェッショナル野球協約」では、その職権は「日本プロフェッショナル野球組織を代表し、これを管理統制する」ことで、「コミッショナーが下す指令、裁定、裁決ならびに制裁は、最終決定であって、この組織に属するすべての団体と個人を拘束する」とされていた。

「野球最高の利益を確保するために、この組織に属する団体あるいは個人に指令を発することができる」コミッショナーは、プロ野球界の最高裁長官であることを野球協約が保証していたのだ。

ところが1951（昭和26）年の制度施行以降、意欲的に球界改革に取り組んだのは1979（昭和54）年に就任した第7代・下田武三コミッショナーだけといっていい。外務事務次官や最高裁判事などを歴任した下田さんが先頭に立って実現した改革の一部は次の通りだ。

・「飛びすぎるボール」の飛距離を測定し、メーカーに反発力を落とすよう要望して1981（昭和56）年に従来のボールに戻させた
・1984（昭和59）年、日本の野球応援はうるさいとして「応援倫理三則」が定められた
・公式戦が行われる可能性のある球場を新設・改造する場合、野球規則に定められた広さに統一させた
・日本シリーズでセ・パ両リーグの条件を公平にするため、1985（昭和60）

年からの指名打者制度の導入を決めた
・関東と関西に集中していたフランチャイズの全国分散化を提唱。退任後、福岡ダイエーホークス（現・ソフトバンク）や北海道日本ハムファイターズ、東北楽天ゴールデンイーグルスなどの発足や移転が実現した

ところが、下田さんの意欲的な球界改革は球団経営優先のオーナーたちに歓迎されず、1985年に退任。歴代のコミッショナーで最も仕事をした下田さんだが、野球界に貢献した人物を顕彰する野球殿堂入りは果たしていない。

長年、私が著書やコラムで書いてきた主張や提案についても、歴代のコミッショナーは「改革したくても我々には権限がないからね」と言葉を濁す。オーナー会議は、最高責任者であるコミッショナーに必要な権限を与え、下田さんのようにバリバリ仕事をしてもらうべきだ。

おわりに　監督・コーチが学べる場を作れ

私も年が変われば93歳になる。さすがに足腰は弱くなったが、野球のテレビ中継を見ながら「あと20年か30年若かったら、もう一度監督をやりたいな」と思う。

私は1966（昭和41）年に34歳で現役を引退した後、1970年に根本陸夫監督に招かれて広島東洋カープの内野守備コーチに就任した。その後、1974年からヤクルトのコーチ、1976年からの3年間は監督を務め、1982年からの4年間は西武の監督を務めた。この間、ヤクルトでセ・リーグ優勝と日本一、西武でパ・リーグ優勝を3度、日本一を2度経験した。

考えてみると、最後に西武で監督として指揮を執ったのが53歳だったから、私もまだ若かった。西武時代は選手の健康管理と食生活改善のため、麦ご飯や自然食をすすめたため、マスコミには「広岡の管理野球」などと批判された。

しかし、これは選手の体質を改善するためであり、キャンプや地方遠征の宿舎では和食だけでなく中華料理や洋食も用意し、好きなものを選べるようにしていたのに誤解されたのだ。

当時は私も若かったので、ランニングでは選手と一緒にグラウンドを何周も走り、守備練習では若い選手と一緒にノックを受けながら手取り足取り指導した。当時から西武の猛練習は有名だったらしく、1982（昭和57）年に南海から西武に移籍した内野手の片平晋作などは当初、全体ランニングについていけず、終わってから嘔吐したものだ。しかし彼は一本足打法を独自に会得し、のちに大洋に移ってからも40歳まで現役を続けた。練習は嘘をつかない。

だから私は、選手と一緒に汗を流した12年間のコーチ・監督経験から、「やるべきことをやったら勝てる。負けるはずがない」という信念と、「引退したら若いうちはコーチをやれ。歳をとって体が動かなくなっても、頭は勉強すれば進化する。勉強して監督になれ」という考えに間違いはないと確信している。

そして選手に教えるときは、その選手の「ものまね」ができない指導者はダメだ。相手になりきって欠点を直し、正しい形を作ってやらないと、指導に時間がかかってしまうからだ。

西武の監督時代、当時守備に自信があり、新人王にもなった石毛宏典のプレーを真似して「こんなんじゃダメだ」と指導したら、むくれた石毛が後輩選手に、「おい、俺は監督が言うように、そんなに不細工な格好をしてるか」と聞いた。後輩が「そうですよ。そっくりです」と答えると、「そうか、それじゃ直さないかんな」と言って、私が若手に教えていた「広岡教室」に参加して上手になった。

教える相手をその気にさせず、自分の体験だけを押しつけるようなコーチはダメだ。私に言わせれば、まだまだ勉強が足りない監督やコーチが多すぎる。

プロ野球全体のレベルを上げるには、指導者や選手が野球の本質を勉強できる機会、制度を作ることだ。それができるのはコミッショナーしかいない。

参考文献

・「巨人優勝　セ5球団の指揮官が〝参りました〟　岡田監督『菅野の貯金が大きいよ』三浦監督『若手、ベテランをうまく融合させた』」スポーツ報知、２０２４年９月28日
https://hochi.news/articles/20240928-OHT1T51070.html
・「佐々木主浩氏『これだけ貯金を作れるピッチャーが２人いるのは大きい』巨人、菅野と戸郷の２人で貯金16』」BASEBALL KING、２０２４年９月30日
https://baseballking.jp/ns/452405
・松永多佳倫「巨人改革へ、広岡達朗が阿部慎之助監督に伝えたいこと『ベテラン連中のプライドを傷つけずに処遇を考えるべき』」web Sportiva、２０２４年４月10日
https://sportiva.shueisha.co.jp/clm/baseball/npb/2024/04/10/post_112/
・広岡達朗『巨人が勝てない７つの理由　プロ野球が危ない！』幻冬舎、２０２２年
・松永多佳倫「なぜ阪神はセ・リーグを独走したのか？ 広岡達朗は『岡田彰布流コミュ力』

と『選手との距離感』を評価」web Sportiva、２０２３年９月12日
https://sportiva.shueisha.co.jp/clm/baseball/npb/2023/09/12/post_235/

・「廣岡達朗コラム『新井貴浩、岡田彰布が新監督に就任　２０２３年、面白いのは広島と阪神』」週刊ベースボールONLINE、２０２２年12月16日）
https://column.sp.baseball.findfriends.jp/?pid=column_detail&id=002-20221226-20&from=db_art

・*Tokyo Journal*, Volume 43, Issue #283

・広岡達朗『言わなきゃいけないプロ野球の大問題　巨人はなぜ勝てなくなったのか?』幻冬舎、２０１９年

・鷲田康「〝借金処理〟の確執も超えて…桑田真澄コーチ就任のウラにある原辰徳監督の〝聖域なき改革〟とは」Number Web、２０２１年１月13日
https://number.bunshun.jp/articles/-/846645

・「廣岡達朗コラム『大谷翔平、山本由伸…10年以上もの複数年契約はおかしい』」週刊ベース

ボール ONLINE、2023年12月29日
https://column.sp.baseball.findfriends.jp/?pid=column_detail&id=101-20231229-10
・「エ軍で終わるトラウトのキャリア　負傷でトレードは〝無理〟か…米嘆き『本当に悲しい』」Full-Count、2024年5月4日
https://full-count.jp/2024/05/04/post1551290/
・落合博満『勝負の方程式』小学館、1994年

広岡達朗

ひろおか たつろう

1932年、広島県呉市生まれ。早稲田大学教育学部卒業。1954年、巨人入団。1年目から正遊撃手を務め、新人王とベストナインに選ばれる。引退後は評論家活動を経て、広島とヤクルトでコーチを務める。監督としてヤクルトと西武を日本シリーズ優勝に導き、セ・パ両リーグで日本一を達成。1992年、野球殿堂入り。2021年、早稲田大学スポーツ功労者表彰。

阿部巨人《あべきょじん》は本当《ほんとう》に強《つよ》いのか
日本球界《にほんきゅうかい》への遺言《ゆいごん》

2024年11月30日　第1刷発行

著　者　　広岡達朗
発行者　　宇都宮健太朗
発行所　　朝日新聞出版
〒104-8011　東京都中央区築地5-3-2
電話　03-5541-8814（編集）
03-5540-7793（販売）
印刷所　　大日本印刷株式会社

Published in Japan by Asahi Shimbun Publications Inc.
ISBN 978-4-02-332377-3